空気を読む人 読まない人
人格系と発達系のはなし

老松克博

講談社現代新書
2637

はじめに

会議というものは、それなりに空気を読みながら参加しないとうまく回らないところがあります。会社の会議はもちろん、取引先との打ち合わせでも、マンションの管理組合でも、たぶん国会でもそうです。

会議は意見を活発にたたかわせるための場所です。アイデアを出し合い、遠慮しないで思ったことを発言し、納得のいくまで話し合う。理想の姿です。

それでも、ほとんどの人は、いま意見を言うべきタイミングか、控えるタイミングかと流れと空気を読んで決めています。そうでなければ収拾がつかないからです。

ここに、空気なんか読まないタイプの人がいます。

とても仕事熱心です。会議では自分の思った意見を必ず言わなければならないと考えています。意見を言わずに黙っている同僚たちは仕事を放棄しているのだと考えて、腹立たしく思っています。

彼は長年みんなが棚上げにしてきた問題を、自分が初めて見つけたように指摘します。そして、いますぐ議論して解決するべきだと力説します。

どんな仕事にも、棚上げにするしかなかった問題があります。長い間、調整を重ねて、どうにかやりくりしてきた頭の痛い問題。いつかは解決しなければならないものの、下手につつくと混乱を引き起こすだけだと誰もが理解しています。その事情を知らずに指摘している彼以外は。

でも、事情を知らないのだから仕方がありません。あとで事情を説明してあげれば済むことです。はりきりすぎた演説も、笑って受け流せれば元の平和な職場のままです。

ところが、彼が毎回似たようなことを繰り返すとなるとどうでしょうか。それどころか彼は、意見を言わないまま問題を先延ばしにしつづけている同僚たちを怠慢だと批判しはじめます。

ここに、空気を読みすぎる人がいます。

たいていの人は会議の空気くらい読みますが、なんでも行きすぎる人はいるものです。

みんなの仕事が順調に進むよう気配りを重ねてきたのに、何も知らずに同僚を批判する人が現れて、とてもイヤな気分です。最初は冷ややかに距離を置いていましたが、そのうち怒りを覚えます。日ごろから気をつかって、いろいろな約束事や成果を積み上げてきたのは自分たちなのに。そのために、たくさんの人の顔色をうかがって苦労してきたのに。空気を読めないやつというのは仕事だけではなく人の気持ちもわからないのか。

そう考えて、怒りと憎しみを抱きます。なかには、ちょっと意地悪をしてしまう人もいます。なにも、そこまで憎むことはないのに、です。

空気を読まない人。

空気を読みすぎる人。

あなたはどちらのタイプも見たことがあるのではないでしょうか。

でも、どちらのタイプも自分とは関係がないと思っているのではないでしょうか。

それは間違いです。程度の差こそあれ、たいていの人はどちらかのタイプに当てはまるのです。

そして、どちらのタイプもそれぞれの生きづらさを抱えています。

空気を読まないタイプはそのことで周囲との衝突を引き起こします。どうして衝突が起きるのかわからなくて悩んだり、怒りにとらわれたり、孤独にさいなまれたりします。

空気を読むタイプは、空気を読みすぎて苦しみます。気を配り人の顔色をうかがううちに、周囲の評価ばかり気にするようになり、いつも同調圧力を感じています。どちらのタイプも結局は自分を押し殺して生きなければなりません。そのせいで、生きづらさをますます強くしているのです。

本書は、その生きづらさを解消するための本です。

第Ⅰ部は「心と性格のしくみ」と題しています。人の性格の二つのタイプがどのようなものかについて解き明かします。

第1章では、すべての人が二つのタイプに分けられることを説明します。本書ではそれぞれ「人格系」と「発達系」と呼ぶことにするのですが、そのうえで第2章では「発達系」とはどのような人か、第3章では「人格系」とはどのような人か、それぞれの特徴を明らかにします。それぞれの人間関係で起きがちな問題や、抱え込みがちな悩みがよくわかるはずです。

第Ⅱ部は「生きづらさから解放される」と題しました。

たいていの生きづらさは人間関係が原因です。本書はその改善を目的にしていますが、その前に第4章では、深層心理学の知見からいくつかの前提をご説明します。

まず、私たちの心の奥底には「もうひとりの私」が潜んでいること。次に、「もうひとりの私」がときどきイタズラをして不安や不信や憎しみを煽《あお》り、人間関係を難しくしているという深層心理学の考え方を説明します。

「もうひとりの私」は、どこに隠れているのか。私に何を求めているのか。それらを見定めるためには人格系と発達系という分類を熟知することで、自分がどういうタイプか把握することが必要不可欠になります。

第5章では、「もうひとりの私」との仲直りに成功して人間関係へのイタズラをやめてもらえた実例をご覧いただきます。そして最後に「もうひとりの私」とコミュニケーションをとる深層心理学の手法をご紹介します。

急がば回れ。

生きづらさから解放されるためには自分との仲直りが避けて通れません。しかし本書を読まれたみなさんが自分と仲直りしたいと考えはじめたころには、生きづらさから解放される道をもう歩みだしているはずです。

本書は、できるだけ平易に、専門用語に頼らないよう、身近にある具体例を多用するよう心がけました。読者のみなさんも、ぜひ自分自身のご経験と重ね合わせてみてください。

ははあ、なるほど、あるある。

そう感じていただければ、それがいちばんの根拠になり、説明にもなると思います。

本書が読者のみなさんの生きづらさを解消する一助になれば幸いです。

読み進めていただくにあたって

本書は、生きづらさを感じてはいても現時点で積極的な支援が必要な状態にはないと考えられる方々を対象としており、多くの人に共通する心のしくみについて述べています。人格系と発達系という分類もそのひとつです。

しかしながら、生きづらさを生み出している私たちの心のしくみについて十分に理解していただくためには、深層心理学および精神医学の立場からさまざまな障害や疾病の様相までを念頭において説明しなければならない場合があります。

障害や疾病の内容に触れる必要があると考えた箇所では、そのつど誤解の起きない説明を尽くすよう心がけました。しかし、たとえば人格系や発達系という概念を理解していただくために挙げる特徴などが、じつのところほとんどすべての人に見られる要素であることをまず説明するためには、誤解を招きがちな点に対する詳細な説明を少しあとのほうに持っていかざるを得ないこともありました。決して読者のみなさんや周囲の方に障害や疾病の疑いを抱かせるためではありません。言うまでもなく、人それぞれの特徴を病理と決めつけるようなことや、あげつらうようなことは絶対にあってはならないことです。万が一、途中でこれらの点に関する疑問をお感じになりましても、どうか後ろにつづく詳しい説明まで合わせてご覧ください。

目次

Ⅰ　心と性格のしくみ

第1章　すべての人は人格系と発達系に分けられる

人の性格は二つの傾向に分けられる

あなたは将来を思い悩んだり、過去を悔んだりしていませんか。

人の和を乱すことを恐れたり、周囲の顔色をうかがいながら人間関係を築いたりしていませんか。

相手に気をつかい、心のなかであれこれ葛藤を抱えているのに、それを顔に出さないように気をつけながら毎日を過ごしていませんか。

これらはおおむね普通のことです。

そういった傾向がよほど極端になれば「人格障害（パーソナリティ障害）」と呼ばれるかもしれませんが、そこそこの程度におさまっていて生活に支障はないという人がほとんどでしょう。

こういう傾向の人は多数派を占めています。いわゆる「普通の人」を指すと考えていただいてかまいません。

私は、このような人たちを「人格系」と呼んでいます。

反対に、あなたは将来や過去にあまり興味がなく、いま現在のことに心を奪われやすくありませんか。

目の前のことに熱中すると、つい周《まわ》りが見えなくなってしまいませんか。

目の前に現れる新しいことに衝動的に飛びついてしまい、それまでやっていたことを放り出して、やっていたことさえ忘れてしまうことがありませんか。

熱中しすぎて、ほどほどでとどめられず、気がつくと周囲から浮いてしまうことはありませんか。

そういった傾向がよほど極端になれば「発達障害」と呼ばれるかもしれませんが、そこその程度なら、これもよくいる人です。ユニークな少数派といったところでしょう。人格系に比べても少数です。

私は、このような人たちを「発達系」と呼んでいます。

世の中のほとんどの人は、人格系か発達系のどちらかに分類されます。

人格系にも濃い薄いという程度の違いがあります。発達系にも濃い薄いという程度の違いがあります。グラデーションのように人によって傾向の濃淡があるのですが、ひとりひとりの違いは程度の差でしかありません。

どちらにも収まらない人がまったくいないわけではありませんが、基本的には、発達系でなければ人格系、人格系でなければ発達系というふうに分けられると考えています。

あなたも、ご自分の性格や感情や行動を思い浮かべてみてください。人格系か発達系、どちらかの傾向が思い当たるはずです。


ここで誤解のないよう申し添えたいことがあります。

本書が人格系、発達系という分類をするのは、みなさんやみなさんの周囲にいる人たちに病気や障害のレッテルを貼るためではありません。人格系と呼ぶ傾向も、発達系と呼ぶ傾向も、すべての人にある傾向です。極端な人からどちらのタイプかわからないくらいの人までグラデーションのように程度の差があるだけです。

本書のねらいは、人の性質がどちらかの傾向に分けられるという現象と、それぞれの違いを理解したうえで自分の傾向を把握することによって、生きづらさの原因を明らかにすることにあります。


残念なことがひとつあります。

人格系と発達系とはおたがいに嫌い合うことが多いのです。

人格系には発達系が理解しにくく、発達系には人格系が理解しにくい。理解しにくいだけなら、そういうものだと考えれば済むはずなのに、どういうわけか、いつでもどこでも揉《も》めています。

人格系から見ると、発達系は周囲に気配りをしているようには見えません。

「空気を読まない」

「場を乱す」

「周りを傷つける」

そんなふうに非難したくなります。

反対に、発達系からすれば人格系は過剰なまでに周囲と合わせることを気にして、細かいルールばかり押しつけてくるように見えます。

「空気ばかり読みすぎ」

「調和、調和ってうるさい」

「茶番劇もほどほどにしろ」

そんな文句を言いたくなってしまいます。

二つの世界をお笑いの世界にたとえて「人格系はツッコミ」「発達系はボケ」と考えてみることもできます。この場合、ツッコミは私たちの常識の延長線上からものを言いますが、ボケはそこから飛躍しようとする存在です。

では、人格系は常識的で、発達系は非常識なのでしょうか。

もちろん、そうではありません。どちらもそれぞれのルールとリズムで生きていて噛み合わないだけです。

じつは、人間どうしの諍《いさか》いのほとんどがここから生じています。それなのに、人格系と発達系はおたがいに必要不可欠なワンセットになってもいます。

なぜ、たがいに必要不可欠なのに諍いにまで発展するのか。その理由は、どんな人にでも備わっている、ある「心のしくみ」に潜んでいるのですが、そのお話は後半までお待ちください。

それより先に、発達系と人格系についてもっと知っていただきたいからです。

空気は読まない発達系

発達系の特徴は、目の前のことに熱中し没頭していることです。

つまり、我を忘れてしまいがちなのです。これは「私たちのなかにある純朴な子どもの部分」に相当すると言えばイメージできるでしょうか。

人はみな、子どもだったことがあります。当時の性質は、大人になっても誰もが持ち合わせているものです。

ただ、純朴な子どもとひと口に言っても、さまざまな側面があります。

素直でまっすぐで屈託がない子ども。
火がついたように泣きわめく、話が通じない子ども。
我慢のきかない粗暴な子ども。
無垢《むく》な魂ゆえに天使や聖者を思わせる子ども。

発達系は、このような子どもらしい部分がそのまま特徴になっています。

素直でまっすぐで屈託のない性格は痛快である一方で、たとえ真実でも態度がストレートすぎて場の雰囲気を著しく損なうこともあります。それが「空気を読まない」といわれる理由ですが、場の空気を読む前に気持ちが言葉や行動になってしまうのだから、仕方がありません。

考える前に言う、考える前に行動する発達系の特徴は、我慢のきかない粗暴さと重なります。短気で直情径行的な傾向は発達系の困った点で、いったん我を忘れると、話がまったく通じなくなります。その反面、熱くなりやすい情の厚さや気っぷの良さが頼りがいにつながることもあるので、一概にネガティブな面とも言えません。

怒りに対しても徹底的で、全力で集中、没頭します。そのような極端な怒りは、まっすぐな気持ちが重なると、義憤のような表れ方をすることもあります。

あなたの周りにも発達系は普通にいる

みなさんの身近にある場面で、発達系の特徴を考えてみましょう。

たとえば学校ではどうでしょうか。

中学生、高校生あたりの年代では、良くも悪くもユニークな存在です。少々落ち着きがなく、そそっかしい。忘れ物は頻繁にするし、通学の電車を上りと下りを間違えて乗ったり、気づくまでに長い時間がかかったりしてしまいます。気づいたら気づいたで、あわてて違う駅で降りたりして、なかなか目的地にたどりつきません。

極端に熱中するときがあっても、その熱中が長続きするとは限りません。熱中の対象が次々に変わることも多く、外から見ると極端な注意散漫にしか見えないこともあります。
結果的には非常に「マイ・ペース」です。ペースが速すぎたり、遅すぎたり、どこかへ行ってしまったり、周囲とはどうしてもズレてしまいます。しかし、本人はそのズレを気にすることはほとんどなく、屈託なく明るいのです。

その人なりの「マイ・ワールド」を持っていて興味関心が狭い範囲に集中しがちです。たとえば乗り物、化石、宇宙など、特定の領域に関する知識が詳細かつ精緻で、いわゆる「オタク」のレベルに到達するほどです。

知識だけでなく関連する物品のコレクションにも凝ります。学校の勉強でも、抜群にできる科目とその他の科目とのギャップが大きいのが特徴です。

想像力が豊かで、鋭い直観を持っているので、マンガや小説の冒頭を読んだだけであらすじや犯人がわかってしまうことも多いようです。しかも、よせばいいのに口に出してしまうので、いわゆる「ネタバレ」をされた周囲は白けてしまいます。この直観がお笑いに向いたりすると、普通なら思いつかないような面白いひらめきが瞬間的に降りて来るようです。

ただ、そういう能力が裏目に出て、思い込みが激しくなることもあります。思い込みにもいろいろあります。単純なところでは漢字の読み方を間違えて覚えると修正できないという程度ですが、ドラゴンや妖精が実在するといつまでも堅く信じつづけているなどということもあります。

子どもらしい言語表現や地域の方言などはあまり使いません。難しい本の書き言葉やテレビの語り言葉、標準語を好みます。

生活習慣や対人関係などの広い範囲で、同年代の暗黙の了解に無頓着です。流行りの服装や髪型にほとんど興味を示さず、流行している若者共通の隠語などにもあまり関心を示しません。友だちと遊ぶことにもあまり楽しさを見出しません。

対人関係は「マイ・ディスタンス」です。ほとんどは離れていますが、唐突に接近してプライベートなことを聞きたてたり、相手がそっとしておいてほしいことを根掘り葉掘り聞いたりします。本人に悪気はありませんが、周りからは嫌がられることもあります。その反面、分け隔てない人懐っこさと映る場合もあります。

いったん相手を信頼すると、とことん信頼します。非常に誠実で、嘘はつかず、気持ちは一途《いちず》。自分から裏切ることはありません。大切な相手のためなら、かなりの程度まで自己犠牲的にもなれます。まっすぐに信頼しすぎて、かえって愛想を尽かされることもありますが、その純粋な気持ちが周りの胸を打ちます。

「マイ・ルール」が多めです。生活上の金科玉条が、しばしば幼少期からあります。朝は必ず「おはよう」と言う、食事の際はわざとらしいほどに会話を弾ませるなど、小さなことです。ただし、ときに周囲にも遵守を求めて煙たがられたりします。

どうしても言動が集団からはみ出し気味で、周りから注意をされがちです。しかし本人は頑固です。ときには「マイ・ルール」が強い信念になっていたり、譲れない倫理だと思っていることがあって容赦なく周りに押しつけます。おのずと衝突しがちになります。そこから粗暴な振る舞いにおよんだり、ひねくれたりします。いったん「キレる」と手がつけられないこともあり、その点でも徹底的と言えます。

職場や家庭での発達系はどうでしょうか。

大人になっても、基本的な性格が「マイ・ペース」「マイ・ワールド」「マイ・ディスタンス」「マイ・ルール」であることは変わりません。

趣味の世界も徹底的なので、他の追随を許しません。鉄道やゲームの「オタク」だというのはよくあることで、旅行マニア、ギャンブルマニア、消防マニア、ご祈禱《きとう》マニアなども多く、御朱印集めなども含む多種多彩な収集家でもあります。

楽しそうに目の前のことに打ち込み、思いついたらすぐ行動します。エネルギーに満ちあふれ、疲れを知りません。元気で声は大きく、オーバーアクション。そそっかしく、おっちょこちょいです。失敗をやらかしても、一瞬反省はしますが、すぐに忘れてまた同じ失敗をやらかしてしまいます。

基本的に物の管理や片付けは苦手です。鍵を落としたり、鍵をどこにやったのかわからなくなったりして大騒ぎになりがちです。よくよく探したらバッグのなかに入っているようなこともしばしば起こります。

「瞬間湯沸かし器」と呼ばれるほど突然怒りますが、熱しやすい代わりに冷めやすいので、ねちねちと尾を引くことはありません。喜怒哀楽が激しく、他人のことでも自分のことのように怒ったり喜んだりします。涙もろいことを隠さないので、面倒見のよさと受け取られて頼りにされます。親分肌と見られます。

行動のパターンは単純で、竹を割ったような性格と言われます。自分の行動がさきざきどのような結果を引き起こすかについてほとんど眼中にありません。たいていは、行動してから考えます。あるいは、やってしまってからはっと気がつきます。

それで迷惑をかけたり、恨みを買うことになったりします。好きな仕事にも嫌な仕事にも一生懸命に取り組むのはよいのですが、馴れ合いを許さず、融通がきかないためその情熱が周りに認められることは少なくなります。いわゆる「遊び」の部分がないのです。曲がったことが嫌いで、自分の信念に向かって猪突猛進します。

言葉の意味を何通りにも解釈するのが苦手で、ものごとを文字どおりに受け取ります。たとえ話や比喩や皮肉がわかりづらく、周りとの間に誤解や齟齬《そご》が生じやすくなります。

さて、ここに挙げた特徴が自分に思い当たるという人は少なくないはずです。人格系に比べて少数派だとは言っても、発達系的な要素は誰もが大なり小なり持っているものです。

空気ばかり読む人格系

もう一方のタイプ、人格系は周囲の反応にきわめて敏感です。

アンテナを自分に向けるよりも、他者に向けることを優先します。そのときどきの自分の気持ちをモニタリングして実行するのではなく、他者の意見や意向を聞く側にまわることが多い。つまり聞き上手です。そして、たいていは反対せず、賛成にまわります。

相手からどのように評価されているか、周囲からの評価に対して過敏で、批判されることを心配するあまり、あらゆることに及び腰になってしまいます。

基本的にシャイで、注目の的《まと》になるのを好まないため、あまり目立たないようにすることを心がけています。自分を抑制し、控えめに振る舞うことをモットーとしており、とにかく逸脱しないことに心を砕いています。

裏を返せば、傷つくこと、恥をかくことを恐れています。

それは、自己愛が傷つくことへの恐れです。

自己愛とは、自分を当たり前に大切にしようとする気持ちのことで、自分を自然に大切に思える気持ちのことです。自分はこれでよいのだと思える気持ちのことでもあります。自己愛は人間に必要不可欠なものです。「自分はこれでよい」と思えないまま生きるのが難しいのは、簡単に想像いただけるでしょう。

自己愛が傷つくことを恐れる背景には、見捨てられることへの不安があります（文献1）。あなたも、小さいころにご両親の機嫌が悪く、自分をどう思っているのだろうかと不安になったことがあると思います。

「こんなことを言ったらどう思われるだろうか」

「そういう行動をしたら何を言われるかわからない」

だから、いつも先回りしてあれこれ考え、引っ込み思案になってしまうのです。

自分が何をしたいか、何ができるかよりも、常識的にはどうするべきか、どうしなければならないかを考え、同調的に振る舞うことを考えます。

周囲の反応を見て、それに合わせて動こうとするため、常に他人の顔色をうかがっています。微妙な口調や表情、雰囲気などから相手の気持ちを察し、相手が悪い気がしないように言葉を選び、細心の注意を払って全力でサービスしてしまいます。

これを肯定的に捉えるのであれば「よく気がつく人」となります。

大失敗を「やらかす」ことは少ない「よい子」であり、いわゆる「大人」でもあるかもしれませんが、大成功することもあまりなく、おもしろみに欠けます。

だからといって、かならずしも自分の考えがないわけではありません。言いたいことややりたいことは心のなかに持っています。

しかし、それを懸命に抑えようと思っているうちに、忘れてしまったり、わからなくなってしまったりします。過剰適応していると、対外的な適応だけではなく、自分の内面のこともよくわからなくなるのです。

気づかないうちに自分を見失うことほど恐いことはありません。たまりにたまっていたものが小さなきっかけで暴発し、つい厳しいことを言ったり、突然怒りを露わにしたりします。

これを「自己愛憤怒」と呼びます。

人格系がそのように振る舞うのは珍しいので、周囲は非常に驚きます。とくに、その激しい憤りには気まずい空気が流れることも少なくありません。

胸に手を当てて静かに振り返れば、多くの人が思い当たるのではないでしょうか。そもそも、自分はこれでよいのだと思える気持ちは、ちょっとした悩みを抱えるだけでも容易に損なわれるものです。だから、誰でも人格系となる要素は持ち合わせているのです。

世間にあふれる人格系

人格系の特徴も、身近な場面に当てはめて考えてみましょう。

まずは、学校での人格系です。

親や先生から少なからず期待されていて、成績の面でも認められないといけないと思っています。そのため、習い事や塾に行くのを欠かすことはなく、勉強も真面目にがんばった結果、成績は常に上位をキープしています。

ところが、本人がそれを演じているところがあります。

親が世間体を気にしていれば、親以上に世間体に配慮し、評判を落とさないよう気をつけます。身だしなみに気をつかい、門限はしっかりと守ります。期待されている学校に入り、校則も守ります。友だちが持っているものが欲しくても、自分から欲しがることは滅多にありません。

ひと言で言えば「よい子」です。

先生からであれ、同級生からであれ、頼まれたら嫌と言えません。断って嫌われることを何よりも恐れるからです。好きこのんでなったわけではありませんが、学級委員を務めるからにはその役割を誠実に果たさなければならないと考え、よいクラスになるようあれこれ気をつかいます。それが先生やクラスメイトから求められている重要な役割のひとつであるとも感じています。

集団の一員として受け入れられることが、何よりも重要だと感じています。少数派にならないよう気をつけ、犠牲を払ってでも多数派に所属しようとします。そのため、集団のルールや暗黙の了解にはとても敏感になります。そのルールや暗黙の了解の内容が正しかろうが悪かろうが、率先してその担い手になります。そうでなければ、自分など相手にしてもらえないと思っているからです。

人格系がつい同調してしまうのを、周囲は悪用しようとします。グループに所属するために宿題を写させてあげなければならなくなり、さまざまなグループに所属するよう強いられることもあります。つらいこともありますが、一方でそれが存在するためのポジションを与えてくれることになるため、本人にとっても助かるところがあります。

とはいえ、周囲から常に強い同調圧力がかかっているのをひしひしと感じています。自己嫌悪を抱えながら、我慢ばかりしています。にもかかわらず、ときおり「よい子」すぎることが槍玉に挙げられたりもします。その点を指摘されると、どう振る舞えばよいのかわからずに途方に暮れてしまいます。

職場や家庭での人格系はどうでしょうか。

人格系の特徴は、成長して職業や家庭を持つようになってからも、たいていはずっと保たれます。能力であれ、容姿であれ、なにごとにつけても自信がありません。劣等感やいわゆるコンプレックスが強く、自分には誇れるものなどほとんどないと思っています。それぞれの内面でひっそりと苦悩や葛藤を抱えたまま時は過ぎていきますが、次第にこじれてきて、なにかのかたちで破綻をきたすことも珍しくありません。

人格系には努力型の秀才が多いと言えます。天才と呼ばれるほどの特異な才能はそれほどないので、仕事の面で大化けすることはあまりありません。たいていは平凡で平均的な路線を歩む、可もなく不可もない社員といったところでしょうか。

とはいえ、人格系は円滑に業務を進めるためには欠かせない存在です。着実に仕事をこなし、大きな失敗をすることは少ないので、ある程度の信頼を寄せられるからです。その信頼に応えようとする努力は涙ぐましいほどです。身を粉にして働き、頑張りすぎて疲れがたまって心身に変調をきたしてしまうほどです。

決まりには忠実で、相手の都合や価値観に合わせることに腐心し、自分の信念はあまり持ちません。信念を持っても、周囲の顔色をうかがうあまり信念を曲げてばかりになってしまうからです。意志をともなう選択もしたがりません。責任を引き受けなければならないのは不安きわまりないからです。

本質的に臆病でナイーブなので「博打」に打って出ることはあまりありません。もちろん、社会的ないしは個人的な野心をまったく抱かないわけではないのですが、多くは空想にとどまります。

あまり変わった趣味は持ちません。興味関心は比較的広いものの、他人が珍しがるような新奇な領域に惹《ひ》かれることは少なく、むしろたくさんの仲間と共有できる領域の安心感を重視します。深さもそこそこ、徹底的に追究する姿勢は持ちません。

仕事も常識的なら、趣味も常識的。社会の常識を頼りにします。周りの意見を聞き逃さず、多くの人からの同意を重視します。自ら社会的な役割を積極的に果たそうとすることはほとんどありません。周囲から押されてやむをえず受けるという姿勢が基本です。

周りを気にせず意見を言える人を内心、羨ましく思ったりします。そのくせ、対人関係では常に一定の距離をキープしたがります。それは自分が主体ではなく、相手が持つ対人的な距離感に合わせられるためです。なれなれしい人は好きではないけれど、きっぱり拒むことが苦手で、距離をとりたい相手からなかなか距離をとらせてもらえません。

人格系の特徴を数々挙げてきましたが、これらをよく見ると「みんなのペース」「みんなのワールド」「みんなのディスタンス」「みんなのルール」とまとめられます。発達系とは正反対です。

必ずぶつかる人格系と発達系

人格系と発達系はたいてい、うまくいきません。

人格系は、いろいろなことによく気がつき、気を配ります。適応や調和を重視し、内心で思っていることがあっても、軽々しく口には出しません。言葉や行動の将来における結果を予測したり、過去のことを思い出して失敗を繰り返さないように努めたりして、自制する傾向が強いのが人格系です。

これに対して発達系は、直情径行です。今現在のこと、目の前のことが関心のほとんどを占めており、内心と言動とが直結している場合がほとんどです。適応や調和についてはそれほど重く考えていません。一般的、常識的な価値観には興味を示さないのです。そのため顰蹙《ひんしゅく》を買うようなことをしでかしても、また同じことを繰り返します。

人格系は「人」格系というくらいだから、人間的で世俗的です。人格系から見れば、人間離れしているとしか言いようがないのが発達系です。しかし、発達系はひとりひとりが小さい神さまのようなものです。人間の物差しで考える人格系が発達系を自己中心的、人並み外れたわがままとするのは、的はずれなのです。

発達系の発言はまっすぐです。

相手が以前から気にしている欠点を無神経に指摘したり、相手が密かに誇りに思っていることを正面から否定したりします。

ただし、なんの悪気もありません。思ったままを、あっけらかんと言うのです。自分の発言によって相手が傷ついていることなど、思いもよりません。発達系にとっては、ただ素朴にものを言っただけなのです。

人格系はしばらく我慢をしていますが、それでも相手が気配りをしてくれないと強い不満を募らせます。かといって、相手の非を指摘すればその言葉でひどく傷つけてしまうかもしれないと気に病みます。そんな無遠慮な人間にはなりたくない人格系は、相手のためを思っての忠言なのだと自分に言い聞かせ、可能な限りのやわらかい表現を絞り出し、やっとの思いでその旨を伝えます。

残念ながら、その程度では発達系の言動は改善しません。同じことが積み重なっていくと、些細な行きちがいを契機に人格系の不満は「自己愛憤怒」的に爆発します。発達系は、突然の展開に戸惑うしかありません。そのうち、いわれのない非難をされたと激高し、誹謗中傷を受けたと反対に相手をなじります。

人格系はあきれはて、ついには無視を決め込むことになります。発達系と人格系との関係は、ここに至って決定的な悪循環に陥ってしまうのです。

これが人格系と発達系が、うまくいかなくなるときの基本形です。しかし、すべての争いが基本形どおりというわけではありません。二つのタイプの対立は、いろんなバリエーションを見せながら、いたるところで繰り広げられています。

みなさんも、世の中のさまざまな不和や諍いをよく観察してみてください。どの諍いにも人格系と発達系の相互不信が背景に見えてきて驚かれるに違いありません。

みんな人格系と発達系のブレンドでできている

人格系と発達系の特徴を挙げてきました。両方の特徴について「そこそこの程度」なら当てはまると感じたと思います。

しかし、「私は１００パーセント人格系で、発達系の要素はゼロだ」と思った人は少ないのではないでしょうか。反対に「私は頭のてっぺんから足のつま先まで発達系で、人格系の特徴は一つも思い当たらない」という人もあまりいないと思います。

人格系の特徴の根幹には、見捨てられることへの不安、何かに傷ついたことで生じた自信のなさがあると言えます。そういうことは誰にでもあり得ます。

発達系の特徴は「子どもらしさ」と言い換えられるような特徴です。これも誰にでもあり得ることです。

どちらも誰にでもあり得る特徴ですから、ひとりの人が人格系と発達系の特徴を同時に併《あわ》せ持っているのは当然のことです。

私はおよそ35年にわたって心の臨床の現場に身を置いてきましたが、どんなに極端な人格系の人でも、１００パーセント人格系ということはありません。どんなに極端な発達系の人でも、１００パーセント発達系ということはありませんでした。

経験上、どちらか一方の特徴のみで混じり気がない人は存在しません。どれほど極端に見えても、現実においては一方の特性だけの人はいません。二種類の特徴のうち、どちらのほうが相対的に強いかという傾向によって、それぞれ人格系、発達系と呼んでいるわけです。

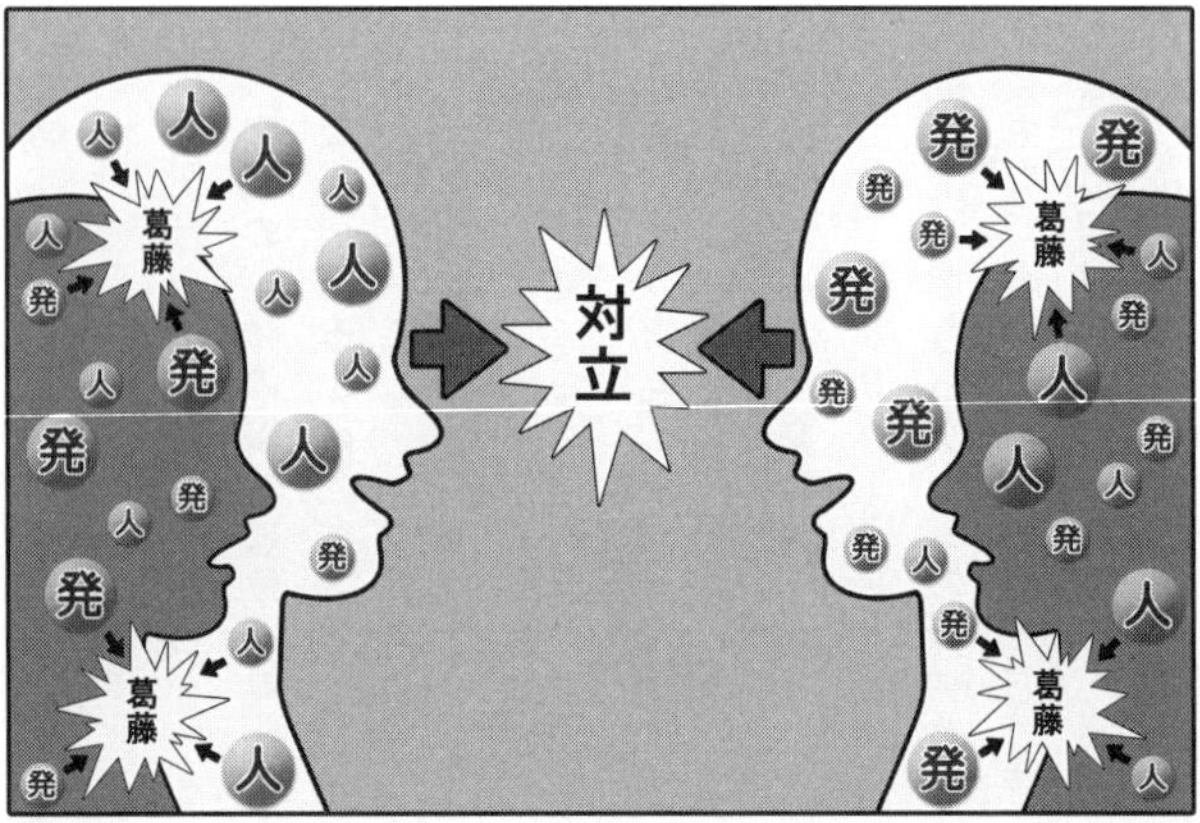

人格系の人⬆　　⬆発達系の人

人はみな人格系と発達系のブレンド

重要なのは、誰もが人格系と発達系の両面を併せ持っていることです。

人格系に対する理解、発達系に対する理解の鍵はここにあります。人はみな、人格系と発達系のブレンドになっていて、その割合は人それぞれ異なっています。

一方の特徴だけが濃厚であればあるほど、周囲に問題視されたり、ときには障害と呼ばれることもあります。しかし、ほとんどの人は、どちらの特性もそこそこの程度に持ち合わせていて生きづらさはあったとしても生活に支障はありません。

誰でも両方の面を持っているとご説明したところで、再びお断りしておかなければならないことがあります。本書が人格系、発達系という分類をするのは誰かに病気や障害のレッテルを貼るためではありません。

ここでもう一度、人格系をつくる要素も、発達系をつくる要素も、誰もが持っている要素だということを強調させてください。あらゆる人が、どちらの要素とも持っているにもかかわらず、どちらが優勢なのかによって生じた傾向が、程度の差によってグラデーションを織りなしているにすぎないことは、すでにイメージしやすくなったと思います。

たしかに人格系という言葉も、発達系という言葉も、それぞれの傾向の延長線上には「最も極端なあり方」として医療的ケアが必要な状態が想定されています。しかし、どんな概念でもそうですが、「最も極端なあり方」とはかならずしも現実に存在するものではなく、それぞれの本質を表現するための観念です。

本書が人格系と発達系に分類して説明しているのは、人間にはどちらの要素もあるという前提を理解したうえで自分の傾向がどういうものかを把握することが、生きづらさの原因を明らかにして解決策を見つけ出すために必要不可欠だからです。

相手次第で人格系と発達系が入れ替わる

人格系も発達系も、両方の特性を自分のなかに秘めていることをご理解いただけたところで、興味深い現象についてお話ししましょう。人格系が発達系に変わったり、発達系が人格系に変貌したりする現象があるのです。

ほとんどの場合は身近にいる重要な人物の影響で、仕方なく変わってしまいます。発達系だった人が自分本来の姿を抑えて人格系として振る舞う。人格系だった人が自分本来の姿を殺して発達系として振る舞う。これは、さまざまな意味での苦痛をともないます。

親子のケースで見てみましょう。

人格系の親と発達系の子どもがいます。人格系の親から見ると、発達系の子どもはマイ・ペースすぎるように感じられ、心配を掻《か》き立てられます。将来自分の子どもが困らないように、しつけに入れ込むことになりがちです。

よかれと思って、しつけに入れ込んだ親に罪はありません。人格系の親の立場からすれば、誰もが社会に適応するために備えておくべき行動を教えているにすぎません。むしろ当たり前と言ってもいいかもしれません。

その結果、一見、品行方正で周りの顔色をうかがう子どもに変わっていきます。ところが、これは子どもにとってはかなり苦痛です。発達系の子どもが人格系の親の求める水準を身につけるのは、たいてい「過剰適応」に等しくなります。過剰適応とは、無理をしてでも適応しようとしてしまう状態のことです。

適応を迫る親の圧は常に重苦しく発達系の子どもに迫ってきます。親の言うことを聞かないと、自分にとってさまざまな不都合が起きますから、子どもは生き延びるために過剰適応して人格系の仮面をかぶります。

もちろん、極端な発達系の子どもなら仮面をかぶるのさえ難しいかもしれません。しかし、そこまででもない発達系であれば、自分のなかに少々は備えていた人格系の要素を総動員するわけです。

夫婦のケースを見てみましょう。

夫婦間ではさらに高い頻度で同じ現象が起きます。とくに、夫婦ともに発達系のケースです。この場合は、どちらが相対的により発達系らしい発達系かという点が大きな影響を及ぼすことになります。

夫のほうが極端な発達系、妻のほうがそこそこの発達系であるとしましょう。夫の物言いはよりストレートで、思いつきに左右される度合いが高く、いったん何かを思いついたら徹底的です。妻のほうもそこそこの発達系のため、夫のようにストレートにものを言いますし、急に思いついたことに集中しようとします。

しかし、夫の発達系傾向のほうが強いので、妻は自分の領域を侵犯されてじわじわとマイ・ペースを崩されていきます。夫婦の関係をつづけていくためには、妻が夫に合わせるしかありません。やがて妻は夫のペースに飲まれ、夫の世話役をやらされることになります。

発達系は周囲を観察しない傾向が強いため、おたがいに相手が発達系であると気づくのが遅れてしまいます。結婚してはじめて気づくケースがほとんどです。そのとき、結婚生活の維持という足かせがついていると、声の大きいほうが勝ちます。この夫婦のケースでは、発達系の特徴の色濃い夫が勝ち、発達系のまま振る舞う権利を獲得することになります。

私はこれを「玉座はひとつの法則」と呼んでいます。

敗れた妻は、夫の顔色をうかがい、夫の気持ちを推し量り、夫に気をつかって、先回りしてお世話をするしかなくなります。妻はもともと発達系なのに、もはや立派な人格系です。

しかし、妻が人格系になったのは強いられた結果です。これは、とても窮屈でつらい状態です。しぶしぶ人格系をやっている人ほど発達系に我慢ならなくなるという心のしくみがあります。今度は夫の発達系としての特徴と、妻の前面に出てきた人格系としての特徴との、両者の違いが原因となって衝突が繰り返され、関係が冷えていきます。

話はここで終わりません。

発達系から人格系に変わった妻には、もともとの方向に反転する可能性があります。

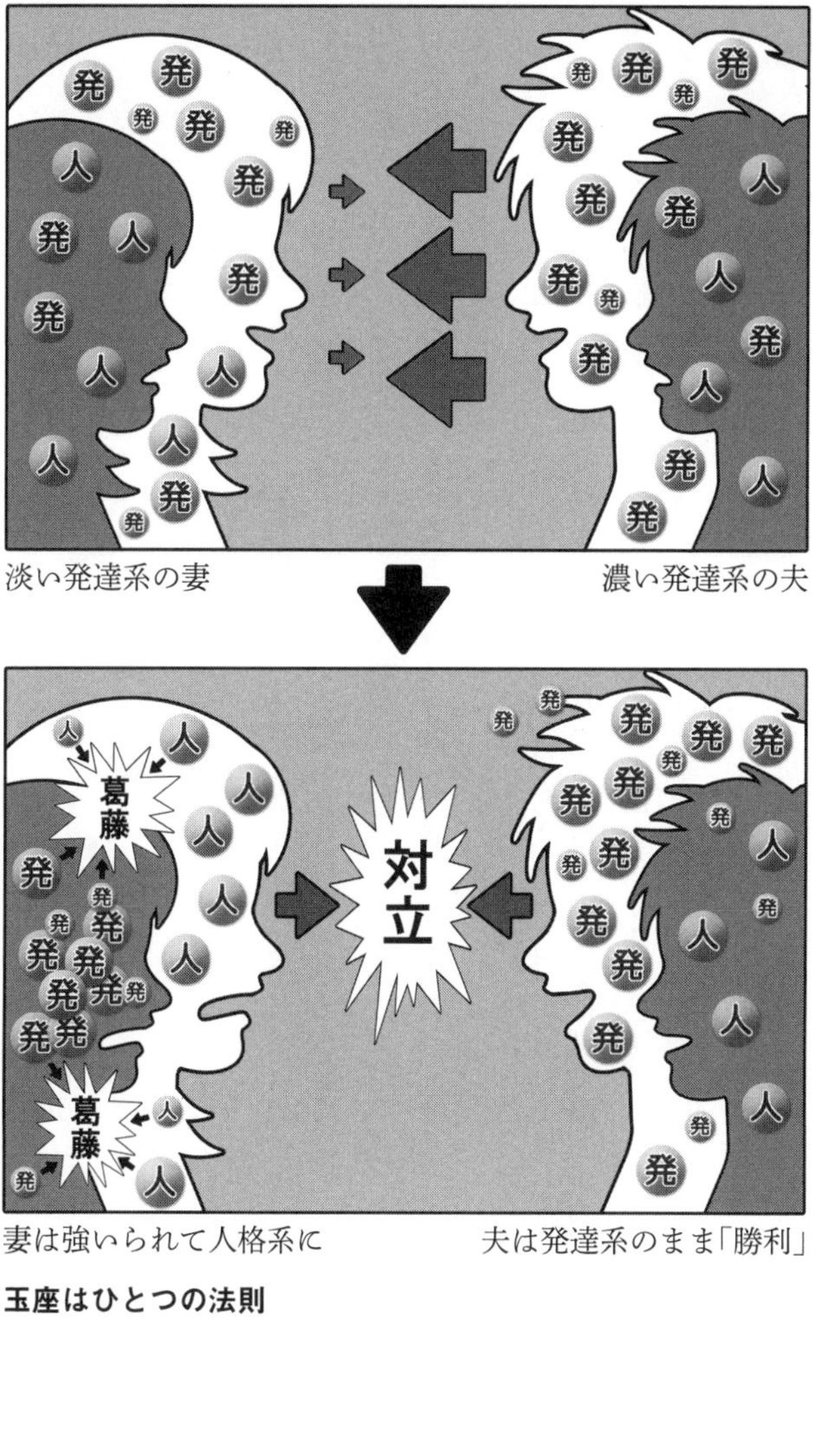

淡い発達系の妻
濃い発達系の夫

妻は強いられて人格系に
夫は発達系のまま「勝利」

玉座はひとつの法則

妻がとことん追いつめられ離婚を決断したとしましょう。夫という足かせから解き放たれると、人格系から発達系に再反転することがあります。さらに、再婚して新しい夫が自分よりマイルドな発達系だった場合、堂々たる発達系へと大躍進してしまうでしょう。

恋人どうし、友人どうしの間でも似たようなことは起こります。

人格系どうしは、たがいに一定程度は安心できるので結びつきやすくなります。一方、発達系どうしも、発達系と人格系の間にはなかなか成立しないような言葉を超えた相互理解を直観的に持つことがあって、いったんは緊密に結びつくかもしれません。

ところが、人格系なら人格系どうし、発達系なら発達系どうしだからこそ、たがいの関係次第で傾向が入れ替わってしまう可能性をはらむのです。

とはいえ、「入れ替わり」現象は悪いことばかりではありません。

自分に起きた入れ替わり現象がきっかけになって、自分のなかに別の傾向があることに気づき、自らの認識が変わり、ものごとが良い方向に変化する場合もあります。さきほどのケースでは離婚に至ってしまいましたが、自分には人をお世話できる面もあったことにはじめて気づき、ボランティア活動に関心を持つようになるケースもあります。

恋人、友人、親子の間で「入れ替わり」現象が起きて、そのせいで悩みや苦しみや不和や対立が生じたら、人間の幅を広げるチャンスが訪れたのだと考えてください。先回りして本書が立脚している深層心理学の考え方を申しますと、そういうときには心の奥に人間の幅を広げたい欲求が潜んでいる可能性があります。生きづらさの解消に必要だからこそ、不和や対立や悩みが生じているという可能性があるのです。

なぜ二つの傾向に分けられると考えたのか

人は人格系と発達系のどちらかであると考えるに至ったのは、私のキャリアと密接につながっています。

私は1984年に医学部を卒業すると同時に精神科医になりました。それからおよそ35年にわたり、心の臨床をつづけています。

心の臨床は、各種の精神疾患から健常者の悩みごとまで、さまざまな問題に対応します。統合失調症や感情障害など、メジャーな精神疾患はいつでも臨床の大きな柱です。しかし、それぞれの時代や時期に、議論の的《まと》となって、臨床家がこぞって興味関心を向けるトピックがあります。

私が臨床をはじめてからしばらくは、人格障害（現在はパーソナリティ障害ということが多い）が注目を集めていました。

とくに80年代には、対人関係が非常に動揺しやすい「境界例」（≒境界性人格障害）の病理と治療をめぐっての議論が盛んでした。

境界例は、相手のことを高く評価し、自分にとって大切で尊敬すべき存在であるという態度や言動をしておきながら、次の瞬間には不安や怒りが急激に湧き起こり、相手を攻撃したり自分を傷つけたりする症状が特徴です。

当時の私は、臨床の現場でたくさんの境界例の人たちに会っていました。

やがて、90年代に入ると境界例についての議論も一段落してきます。

それと入れ替わるように登場したのが、自己愛性人格障害です。

自己愛性人格障害は、自尊心が非常に傷つきやすく、相手を見下す一方で相手から見下されることを極端に恐れます。自信が持てなくて、たいていは抑うつ的になりますが、反対に、傲慢で尊大な言動を繰り返すこともあります。なお、ここでの「自尊心」は、健康な「自己愛」と同じ意味だと考えておいてください。

私が出会った人格障害は、ほかにもさまざまな種類がありました。それらにはたがいに重なる部分もありましたし、異なる特徴もありました。私は人格というものの広がりや奥行きの深さを学びました。

1990年代後半から私は関西に拠点を移して、ユング派の分析家として、また大学教員としての仕事をしながら、引きつづき人格障害の治療と研究に取り組む日々を送っていました。

人格障害の人たちに会うときには、彼らに合わせた特有の距離感、リズム、態度というものが必要になります。おたがいに心地良くいられる「モード」があるのです。

ところが臨床の場には、いつものように人格障害の人たちに合わせたモードで接しても、どうにも「しっくりいかない人たち」が常に存在していました。しばらくして、むしろ人格障害の人たちに合わせたモードが災いしているようだと気づきました。

私はそれが、いつも不思議でした。その人たちがどのような特徴を持っているか細かく観察してみました。

すると、人格障害だとされていた彼らが、一般に思われているほどには人格障害的ではなく、もちろん精神病的でもないことに気づきます。

いまの言葉で言えば、彼らが持っていたのは「発達障害」的な特徴でした。それだけでなく、その視点から広く見直してみると、人格障害だとされていて、わりあい心地良く会えている人たちにも、同様の「発達障害」的な特徴がいくぶん見つけられることがわかってきます。

　今世紀に入ると、臨床の世界の新たなトピックとして発達障害が注目を集めはじめました。子どもの自閉症や自閉傾向、多動傾向についてはなじみがありましたが、時代の流れで発達障害の大人に会う機会が増えてきたのです。

　私は、発達障害の特徴をあらためて詳しく研究することにしました。

　発達障害の人たちに会うときに、おたがいに心地よくいられる距離感やリズムや態度などの「モード」もわかってきました。これは、相手にもあって自分にもある発達障害的な部分に照準を合わせる作業でもありました。ここでは、そのとき私自身のなかに発達障害的な特徴を見出していく必要があったということだけ覚えておいてください。

　すると、驚くような発見がありました。

　発達障害の人たちに会うための距離感や振る舞い方で、人格障害だということになっているのに「しっくりいかない人たち」に会うと、ほとんどの場合、たがいに心地よくいられることに気づいたのです。

　私はこうして、私自身のなかに、人格障害に重なる部分と、発達障害に重なる部分があることを知りました。それだけではなく、どちらの部分も、同時に存在しているけれども片方だけが前面に現れる場合があることがわかりました。

これは、人間のあり方として、ほとんどの人に当てはまるという確信でもありました。そこから、障害と呼ばれるような極端なかたちではなく、ごく軽い傾向としての「人格系」「発達系」という二つのタイプで考えてみることをはじめました。これは理論的に導き出したことではなく、あくまで経験的な発見ですが、その後も臨床の場から日常の暮らしまで多くのことが説明できることを確かめつづけ、きわめて有用な概念だと考えるに至ったのです。

生きづらさの正体に迫るために

私たちは平素から多種多様な問題を抱えて苦しんでいます。そのほとんどが、人間関係にまつわる悩みと言っても差し支えないでしょう。

世の中の諍いを観察していると、ほとんどの背景には人格系と発達系の対立構図が見えることはすでに申し上げました。対立構図をつかむのに慣れるだけでも、苦手な人との関わり方をそうとう工夫することができます。

しかし、私が人格系と発達系の二つに分けることを提唱しているのは、それだけが理由ではありません。この二分類は自分自身についても多くのことを教えてくれるのです。

みなさんは自分がどういう性格で、どういう人間なのかよくわかっているでしょうか。自分は何を欲しているのか、自分は何を我慢しているのか理解できるでしょうか。

残念ながら、自分をそこまで理解し尽くせる人はあまりいません。

どんな人でも、自分の本当の気持ちを押し殺しているだけではなく、いつもの自分らしくない気持ちが生まれたことにさえ気づかないまま心の奥にしまいこんだり、自分自身の正直な気持ちだったはずなのに忘れてしまったりすることがあります。

自分の気持ちに気づくというのは、とても難しいものです。

人間関係が悪化する理由に気づくのも、たいへん困難です。なぜ私は彼が憎いのか。なぜ彼は私に意地悪なのか。もちろん、100パーセント相手のせいかもしれません。しかし、相手のせいだと言うだけでは話がそこでお仕舞いになってしまいます。

もしかすると、自分の本当の気持ちに気づくことで改善する糸口が見つかるかもしれません。そして、人間関係では、自分の心の奥底に潜むものが致命的な悪さをしていることがよくあるのです。

本書が立脚している深層心理学は、まだ気づいていない自分の気持ちを知るために、心のなかを探検する学問です。この心のなかを「無意識」と呼んでいます。

深層心理学では、心を癒やすときも、現実の人間関係を改善するときも、まず自分の本当の気持ちを知ることが必要な条件だと考えます。心の奥底（つまり「無意識」）に隠れた気持ちがわからなければ、人間関係の何が問題なのかも、生きづらさの正体もわからないからです。

さきほど、親を恐れて自分を偽る子どもの例を見ました。夫に負けて本来の自分を押し殺す妻の例を見ました。

あなたは、自分のどんな気持ちを押し殺しているでしょうか。

それを探るときに役立つのが、人格系と発達系の分類です。さきほどの親子や夫婦のように、人格系の人ならたいていは発達系の側面を押し殺しています。発達系の人ならたいていは人格系の側面を押し殺しています。

心のなかを探検する前に、もっと詳しく人格系と発達系について見てみましょう。

次の第2章では、発達系について詳しくご説明します。第3章では、人格系についてです。どちらのタイプも、じつは決してわかり合えないわけではない、本当に愛すべき人たちだということがおわかりいただけると思います。

第2章　天真爛漫な発達系

自由で正直、世界の中心で今を生きる

第2章では、発達系というあり方について、さらに詳しくご説明します。人のあり方を「発達系」という捉え方で直接指摘している研究はまだほとんどありません。しかし、臨床において得られたさまざまな特徴が比較的似ている人たちについての研究はいくつもあります。それらの説を踏まえて、私なりに再構成しながら、発達系の特徴を描き出してみることにしましょう。

発達系を説明するうえで、とくに重要な切り口は、発達系は「中心」で生きている、「中心」を生きているという捉え方です。

ここで「中心気質」という概念を使うと、発達系を深いところから特徴づけるものが理解できます。「中心気質」という概念は精神病理学のものです（文献2）。どんな人の性格にも必ずある「核」や「土台」のようなものを意味しています。

人の性格を構成する要素には、さまざまなものがあります。持って生まれた先天的な要素もあれば、成長する過程で加わった後天的な要素もあります。そのうち先天的な要素で

さえ人それぞれ異なり個性的ですが、そこにはすべての人に共通した要素もあります。

このすべての人に備わっている共通の要素が、後から付け加わっていく多種多様な特徴の土台となります。人は後天的な出来事の影響でそれぞれ変化していきます。それでも変遷を重ねる性格の奥の奥に最初からあって変わらない基盤。それを精神病理学では「中心気質」と呼びます。

「中心気質」は人間が共通して持って生まれたものですから、平均的な子どもの姿のなかにこそ、一番はっきりと見て取ることができます。

つまり、子どものあり方こそが人の「核」です。それがなければその後の多種多様な変化もあり得ません。後天的影響に持ちこたえられるほど強靱《きょうじん》で、人が大きく変容し成長していく可能性を支え、保証している縁の下の力持ちです。

では、さまざまな性格の核が見て取れる子どもの姿とはどのようなものでしょうか。

これは、のびのびと育った5～8歳ぐらいの子どものイメージを思い描いてみればよいとされています（文献2）。天真爛漫で、生き生きとした子どもの姿です。

過去を思い出してくよくよ悔やむこともない。

将来について思い悩むこともない。

熱しやすく冷めやすい。
興味関心のおもむくまま。
一瞬一瞬、全力で活動して、疲れたらそのまま寝入ってしまう。
分別も論理性もほとんどない。

このような子どもを見ると、これこそが生きているということだと思い知らされます。たしかに、今どきはこれほど子どもらしい子どもはなかなかいないかもしれません。塾通いで遅くまで外にいる。遊びと言えばゲーム。アクティヴな子どもの姿を見る機会は、以前と比べて格段に減っています。

それでもなお、私たちはこのような微笑ましい子どもの姿を多かれ少なかれ想像できます。それは、私たちのなかのどこかに、そうした典型的な子どもの像が今もなお息づいていることを示しています。

子どもにとっての興味は「今現在《いま》」にしかありません。時間の体験も「今現在」が並んだものにほかなりません。子どもにとっての時間は、過去から未来へと伸びる一本の線のようでいて、よく見てみると「今現在」という無数の点がひしめき合っているだけです。

どの点も、ほかの点とはつながっていません。

「今現在」は「この場所」と緊密に結びついています。「今現在」が無数の点としてあるだけで、一本の線になっていないのであれば、そのときどきの「この場所」も無数にあるだけで、線や面の広がりにはなっていません(文献3)。

つまり、子どもは「今現在の、この場所」に徹底的に集中しています。そこが常に世界の中心です。

これが、中心で生きる、中心を生きるということです。誰にでも共通する「中心気質」的なあり方の一番の特徴です。

大人は違います。それぞれの「今現在」は孤立していません。一瞬前の「今現在」と一瞬後の「今現在」とが相互につながって、無数の点が一本の時間軸を形成しています。

大人になると、自分が子どもだったころの生き生きとした体験を忘れてしまっている人がほとんどだと思います。その理由はおそらく、子どものころには、そのときそのときの体験に強烈に一点集中していたからです。出来事と出来事の間につながりがなければ、意味と一緒に覚えておいたり思い出したりするのが難しいのは当たり前です。

大人にとっては、出来事と出来事の間に複雑な前後関係があります。脈絡を追えば何度でも思い出せます。だから大人は、過去や未来に縛られてしまうのです。

自分の気持ちに正直で、駆け引きのない直球勝負。どこまでもまっすぐで、世界の中心で今を生きる。

発達系の基本的な特徴は、子どもが「今現在のこの場所」を徹底的に生きる姿勢と重なります。発達系は、大人になっても中心気質を色濃く残しているのです。

空気が読めず誤解され怒らせる

「今現在のこの場所」だけを生きていると、やっかいな問題が出てきます。「今現在のこの場所」で起きていることに対して「今現在のこの場所」で反射的に行動することになるからです。

立ち止まって考えることで適切な行動をとることが苦手な発達系は、誤解されたり人を怒らせたりします。

もちろん、反射的な行動が役に立つこともあります。

たとえばスポーツの試合で勝ったとき、その場で満面の笑みで跳びはね、全身で喜びを表現します。すると、周りもつられて嬉しくなり、全員で気持ちを共有できて一体感が醸成されます。

ところが、これが武道の試合ですと「はしゃぎすぎ」「武道の精神に反する」と厳重注意を受けることがあります。みなさんも強敵に勝ったときを想像すれば、「今現在のこの場所」の気持ちを抑えるのが難しいことも理解しやすく、そのせいで叱られるという場面も想像しやすいのではないでしょうか。

子犬が川で溺れそうになっているのを見た瞬間に、わが身の危険をかえりみず水に飛び込んで救出するのも、おそらく発達系に多い行動です。たまたま泳ぎが達者なら、子犬の命が助かり、飼い主から感謝され、表彰されることもあるかもしれません。

しかし、川が増水し、濁流が渦巻いている場合は話が違ってきます。いくら泳ぐのが得意でも、共倒れになっては何にもなりません。

まずは大声で人を呼ぶ、子犬がつかまることのできる木切れや枝のようなものを投げてやるなど、冷静な判断と行動をするべきです。さもなければ、軽率さを非難されることになりかねません。

「今現在のこの場所」を生きるのは困難をともなうのです。

学校でこんな体験をした人も多いのではないでしょうか。

授業が長引き、終わる時刻をとっくに過ぎていて、誰もが早く終わらないかなとじりじりしている状況はよくあります。そんなとき、全体の空気を無視して質問の手を挙げる人がいたら、みなさんはどう思うでしょうか。

一刻も早く昼食のパンを買いに行きたい周囲の人たちの気持ちを斟酌《しんしゃく》するどころか、納得できないと言って質問を重ねる同級生がいれば、相当な顰蹙を買うのは目に見えています。申し訳なさそうに手を挙げるのでもなく、堂々と胸を張って食い下がっているとしたらどうでしょう。

学校は学ぶ場所です。質問することは間違っていません。本人は純粋にわからない点を確かめていたのです。みんなのためになると思って質問していたのかもしれません。しかし、この気持ちが理解されることはなく、喜んでくれる人はほとんどいないでしょう。

それどころか同じようなことが繰り返されると、周りの迷惑を考えない自分勝手なヤツだというレッテルが貼られます。周りから避けられたり嘲笑されたりするかもしれません。その仕打ちに怒って反論するからと言って、ついには、いじめにエスカレートすることもあります。

職場でも似たようなことは起こります。

複数の人間が集まるところには、タブーになっている話題が一つや二つはあると思います。ある人の左遷の経歴や家庭環境の不幸、社内の不倫関係などです。

まったく悪気はないのですが、発達系の人はそうしたタブーに触れてしまうのです。聞いているほうが肝を冷やしたり、血の気が引いたりしますが、当の本人はそのことに気づいていません。誰かが気をきかせて話題を変えようとしても、キョトンとするばかり。当事者が怒っている理由がまったくわからないのです。

職場がもっと深刻な事態に陥ることもあります。

たいていの職場には、矛盾があるとわかっていても仕方なく長く受け継がれている仕事のやり方があると思います。表向きの説明と実態がかけ離れていたり、必要な手順がさりげなく簡略化されていたりするなど、大きな声では言えない暗黙の了解です。

そこに内包されている矛盾には、誰も触ってはいけないことになっています。あらためて矛盾を明確にし、整理しようとすれば、大ごとになるからです。

余計な仕事が増えるだけならまだしも、その矛盾をベースに構築された会社全体のしくみに綻びが生じ、今まで保たれてきた「不安定な安定」が崩れてしまいます。いつまでもそのままでいいとは誰も思っていませんが、いま崩してはもっと大変なことになると誰もが思っています。

ところが、異動で新たに部署にやってきた発達系の人が、今までのいい加減な処理に気がつき、代々の前任者がそれを黙認し、放置してきたことに憤ります。自分はその片棒を担ぐ気などないし、問題を洗い出して根本から建て直すと息巻いています。

周りは、さりげなく思いとどまらせようとしますが、まったく聞き入れません。とばっちりを受ける者も少なからず出てきて、職場の雰囲気はギスギスしたものになります。周囲は発達系に腹を立てますが、発達系は意に介さず、突き進みます。

誤解が誤解を呼び、ここでもいじめや、集団とたった一人の対立になることもあります。怒った発達系の人が裁判に訴えると言って職場を辞めてしまう例もあります。どこに行っても同じことが起きて職を転々とするという人もいます。

発達障害のスペクトラム

ここまでは主に、発達系でも健常とみなされる範囲に入る人たちの姿を描いてきました。医学的に診断がつけられるほどではないけれども、周囲は妙な違和感を抱いている。しかし、あまりにかすかな傾向なので、誰もそこにある偏りにははっきりと気づかない。そのせいで人間関係上の対立を引き起こすことがある。

こういう人や現象を理解するためにも、発達系という概念は役立ちます。

ところが、発達系というカテゴリーのなかには、その特徴が極端に濃厚で「障害」と呼ばざるを得ないケースも含まれます。

それが、発達障害です。近年は神経発達症と呼ぶ場合もありますが、本書では発達障害と呼ぶことにします。

発達障害とひと口にいっても、その裾野は大変広く、程度や濃淡によって見え方は大きく変わります。

そこで、「スペクトラム」という捉え方の出番です。ここから少しの間、ちょっと専門的な説明になりますが、しばらくお付き合いください。アメリカ精神医学会のＤＳＭ－５という診断マニュアルにもとづいて話を進めます（文献４）。

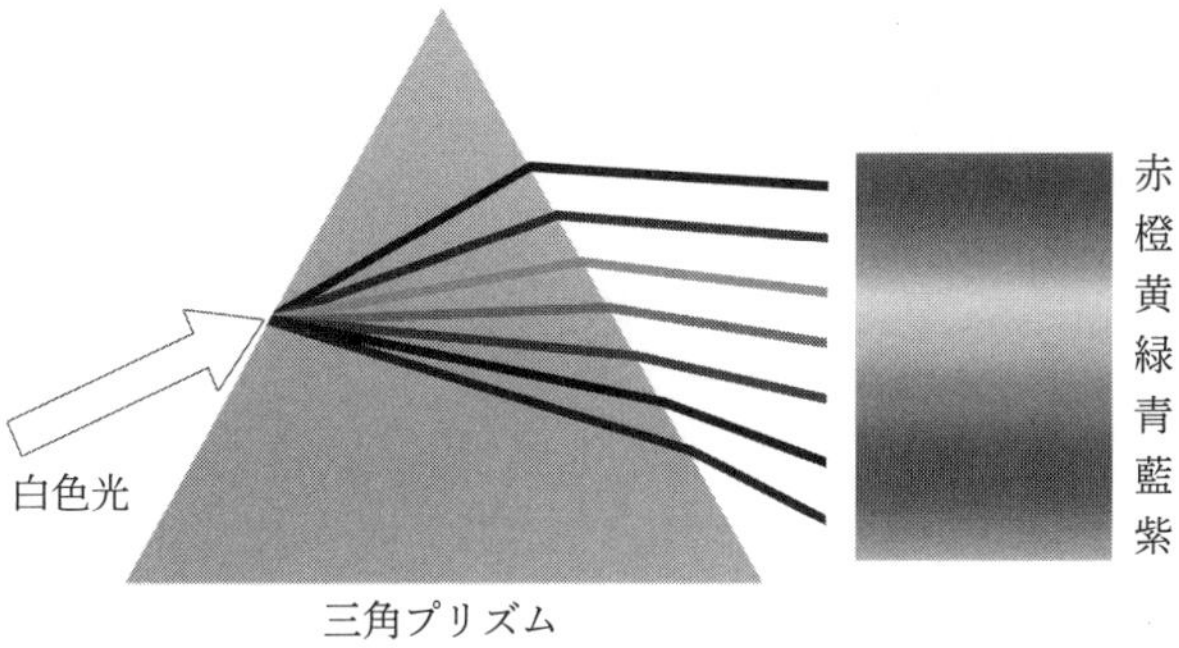

光のスペクトラム

まず、スペクトラム（スペクトル）という言葉については、「光のスペクトラム」を思い出していただくのが一番早いでしょう。白色光（太陽光）をプリズムで分けたときに現れる赤・橙・黄・緑・青・藍・紫の光の帯のことです。多様な色が連続線上に並ぶ姿のことを言います。このイメージが多様な障害を捉えることに役立っています。
「スペクトラム」という捉え方は、発達障害に限定されるものではなく、広く発達系の概念にもつながるとても重要なものです。スペクトラムという概念を理解していただくことで、「発達系」という「程度の差」でしかない特徴にわざわざ名前をつけて整理しようとするのはどうしてなのかを納得していただけると思います。

発達障害は三種類の障害の総称です。

広汎性発達障害（自閉スペクトラム症）＝ＰＤＤ
注意欠陥／多動性障害（注意欠如・多動症）＝ＡＤＨＤ
学習障害（限局性学習症）＝ＬＤ

広汎性発達障害（ＰＤＤ）は、自閉性障害（自閉症）を中核として、発達の多くの側面に問題があるというカテゴリーです。基本的な症状として挙げられるのは「社会性に関する問題」「コミュニケーションに関する問題」「想像力に関する問題」です。
言葉や知能の遅れが、ある場合もあれば、ない場合もあります。言葉や知能の遅れがな

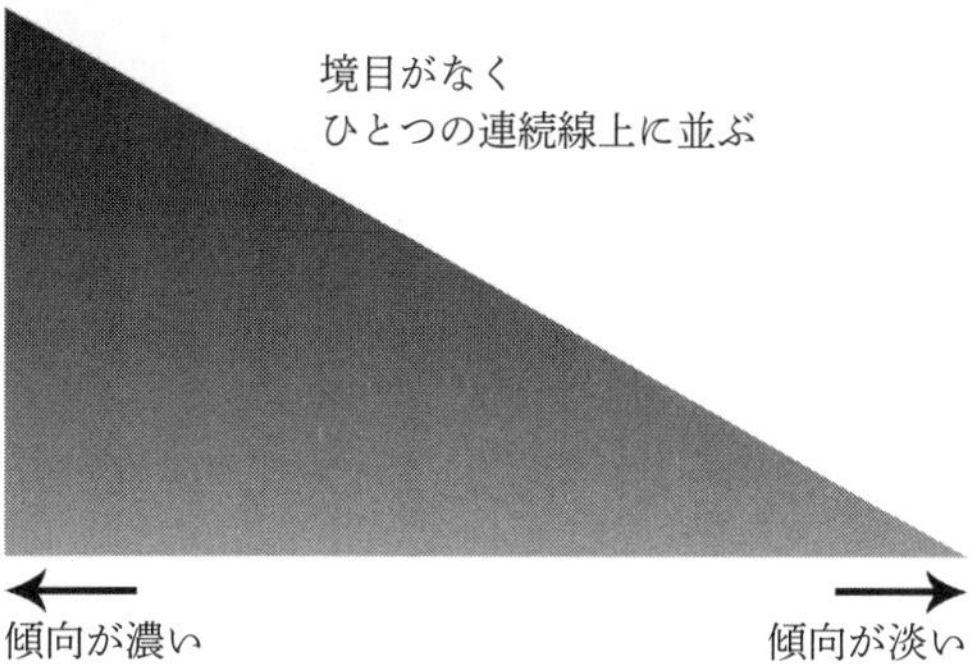

スペクトラムという捉え方

い場合はアスペルガー障害（アスペルガー症候群）と呼んでいましたが、近年はこの呼称を用いなくなってきました。わざわざこの呼称を使って別扱いにするほどの理由がなく、広汎性発達障害の一部とすることで説明がつくからです。

社会性に関する問題とは、他者との交流がスムーズにできないことをいいます。「この状況であれば相手はこう考えているだろう」ということがわからず、一方的で唐突な関わり方をしてしまいます。コミュニケーションに関する問題は、言葉の意味を正しく理解していなかったり、表情やジェスチャーを読み取れなかったりして、コミュニケーションがうまくできないことです。想像力に関する問題は、先を見通せないため新奇な状況が苦手で、こだわりが強いといったかたちで現れます。

広汎性発達障害に属するタイプは、こだわりが強く、不慣れな状況に不安を感じてパニックに陥りやすくなります。そのため、あたかも他者が存在していないかのような奇異な対人的態度で身を守っています。

集中力は高いものの、同時に複数のことを考えるのは苦手です。ものごとに対する独特の理解の仕方や、聴覚、触覚、味覚の過敏性、視覚の優位性なども入り混じり、複雑な状態を呈します。

注意欠陥／多動性障害（ＡＤＨＤ）は、注意の焦点が定まらず、次々に移り変わってしまうことをいいます。あるいは、少しもじっとしていられず、常に歩き回ったり、体の一部をせかせかと動かしつづけていたりすることが主な症状です。この二つの主症状は、一方だけしかない場合もありますし、両方ある場合もあります。

このタイプは一瞬の集中力なら高いものがありますが、注意の向く対象が次々に移り変わっていくので、落ち着きがありません。関心や興味を引くものが「めまぐるしく」と表現せざるを得ないほど激しく転変します。

したがって、比較的衝動性が高く、授業中に教室で静かに座っていることができなかったり、周囲に物が散乱しても片づけられなかったりするのが特徴です。

学習障害（ＬＤ）は、知能には問題がないのに学習を苦手としますが、たいていは特定の学習領域に限定されているのが特徴です。読むのが苦手、書いて表現するのが苦手、計

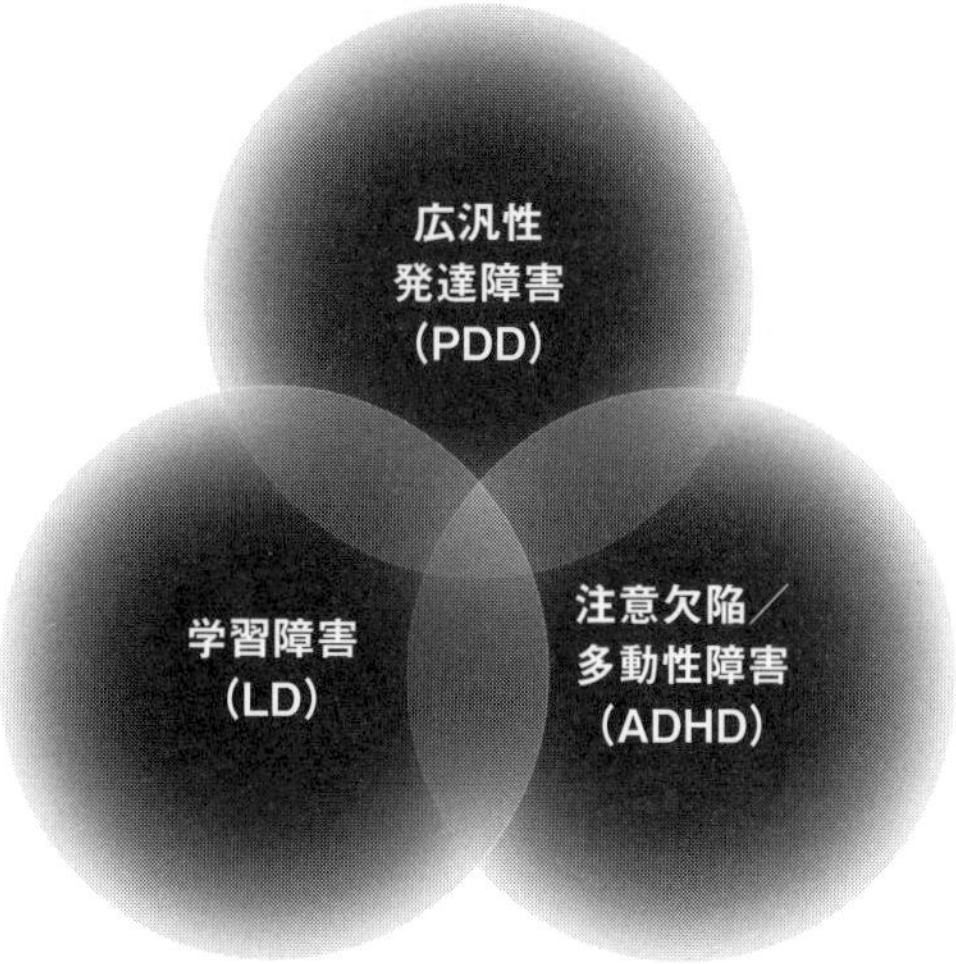

発達障害の３種類

算が苦手など、障害のある領域はさまざまです。

発達障害とひとくくりにされますが、そこに含まれる症状や病態は多様です。とくに広汎性発達障害の場合は、カテゴリーを構成するさまざまな障害を細かく分けて捉えるよりも、むしろひとつのスペクトラム（スペクトル）として理解しようとする傾向が強くなってきました。

光のスペクトラムが連続線上に並ぶ多様な色からできているように、別々の疾患として扱われていたものも、ひとつの連続体をつくっていると見るように変わりました。むしろ発達のさまざまな側面の問題はたがいに重なり合っていて、それぞれがひとつながりのグラデーションになっていると捉えるのです。

スペクトラムをひとつに束ねている本質は、「社会性に関する問題」「コミュニケーションに関する問題」「想像力に関する問題」です。他者との交流がスムーズでなく、コミュニケーションがうまくいかず、先を見通せないという特性です。

非定型発達という考え方

「非定型発達」という呼称が近年、用いられるようになりました。

子どもが一般的に示す発達のパターンを定型発達と呼びます。その定型発達というモデルに沿わない多種多様な発達のパターンを非定型発達と呼びます。平均的な発達から逸脱するからといってすぐに障害とみなすのではなく、少し異なるルートをたどっている最中と考えるのです。

障害という呼び方では、もうすでに固定化してしまった状態であるかのようにイメージしがちです。しかし実際には、少しばかり遅れても、少し違った道をたどっても、人は生涯にわたって発達しつづけます。

発達という現象を、従来以上の幅を持つ多様なものとして扱うと、非定型的な特徴にも肯定的な個性や能力を見出せる可能性が出てきます。偏見の解消にも役立つはずです。

発達系という性格類型も、この考え方にちょっと近いところがあります。

非定型発達に属する子どもや大人のなかには、たしかにその特性の量や質を「障害」と呼ぶしかない人もいます。しかし「障害」に似た傾向を持っているだけという人も数多くいるのです。

それだけではありません。ひと口に「似た傾向」といっても、人それぞれ程度の差があり、濃淡の差があります。そのような傾向の程度が淡くなればなるほど定型発達と見分けがつかなくなります。

ここに、非定型発達と定型発達との見分けがつかなくなる広いエリアがあるのです。

非定型発達のなかには、定型発達につながっている大きな幅のグレーゾーンがあります。

一方で、定型発達であるとみなされている発達パターンにも、数えきれないほどの多様性があります。人間のさまざまな発達の、あらゆる側面がぴたりと平均的なところにおさまっている人は案外、少ないものです。どんな人にでも、かすかな偏りは存在するからです。

発達系というカテゴリーは、非定型発達のグレーゾーンと呼ばれる領域のほとんどをカバーしています。しかし発達系というカテゴリーが占めているエリアはもっとずっと広く、定型発達の範囲内まで広がっています。

繰り返しになりますが、「発達系」というのは、ほとんどの人に大なり小なり見出すことができる傾向についての概念です。

大人になって発見される発達障害

実際の発達障害は、どのようなものでしょうか。

最近、大人になってから発見される発達障害が注目を集めるようになっているので、その事例を見てみましょう。ただし、この事例は障害とまで言えるかどうか微妙なところもあります。「発達系に属する人」だと考えるほうがしっくりくるかもしれません。

Aさんは40代前半の男性で、無職、未婚です。対人関係がうまくいかないという悩みを抱えています。

文系の大学を優秀な成績で卒業したAさんは、数年前に前の職場を辞めています。それ以前も、対人関係のもつれから仕事を転々としてきました。長いところで5年、短いところでは1年未満でした。職種はほぼ一貫しています。しかし、長引く不況と年齢条件のため、職探しに非常に苦労している状況です。

Aさんが語る事実関係は次のとおりです。

職場での対人関係の問題は、上司とも同僚とも起きる。とくに顕著なのが新しい仕事を覚えないといけない場合である。

しばらくの間はミスが多く、慣れるまでに相当に時間がかかる。いったん慣れれば段取りがよくなり、同僚たちと遜色はなくなる。

たいへんなのは手順が頭に入るまで。その点については自覚もあるので、教えてもらうたびにメモをとるなどの工夫を重ねてきた。

若いころに大失敗を犯したことから、仕事を徹底的に丁寧にすることを決心した背景がある。意図的に時間もかけている。そのため、同僚たちより仕事は正確だが、どうしても能率は上がらない。

家では病気がちの母親とふたり暮らしで、自分が家計を支えて母親を安心させたいとの思いがある。だから、仕事に打ち込んできた。周りがいい加減に仕事をしていても、気を緩めたりはしない。

上司や同僚は、はじめはよくても急に態度が変わる。

「メモなんかとるな」

「体で覚えろ」

「何度も言わせるな」

そんなふうにきつく言われ、質問しても教えてくれなくなる。すると、焦りからミスが増加し、暴言を浴びせられることが常態化する悪循環に陥る。やがて周りからは疎《うと》まれ、誰も挨拶をしてくれなくなる。


Aさんにとって、そこが会社にとどまっていられるかどうかの分岐点になります。Aさんは挨拶が人間にとってすべての基本だと考えているからです。叱責や暴言は我慢できても、挨拶のない関係は人間関係とは呼べないと思っています。

同僚たちは、社内で連絡を回すときに自分だけ除《の》け者にする。「きみには関係ないことだから」「言われたことだけやっていればいいんだ」などと言われてしまう。ときには、聞こえよがしに「あれじゃあな」「なんでここにいるんだ」「いつまでいる気だろう」などとみんなでしゃべっている。

同僚たちは偉そうなことを言っても、まじめに仕事をせずサボってばかりで会社に損害を与えているようにしか見えない。その彼らへの我慢が限界に達し、いい加減な点を指摘して抗議する。すると、相手はこちらの指摘を認めずに、逆ギレして机を叩いたりゴミ箱を蹴ったりして自分を脅しにかかってくる。

Aさんはますます心に誓います。


「身に覚えのないことは絶対に認めないし、謝るつもりはない」

「正論をぶつけて、しらばっくれる相手を徹底的に批判する」

「子どもっぽい、少し大人になれと言う人もいるが、私に反論できずに面子《めんつ》をつぶされた僻《ひが》みだとしか思えない」

ときには警告を与えるようなことも言った。

「社員として当然のことを求めているだけなのに、これがその答えですか」

「これは脅迫です。犯罪です。人権侵害です」

「訴えます」

効果はまったくない。次第に居づらくなって、ついには不当な扱いを裁判所に申し立て、自ら退職した。しかし、まともに取り合ってはもらえず、示談で和解せざるを得なかった。

裁判所の扱いもショックだったが、これまでに言われたことや仕打ちが頭から離れないのがつらい。記憶はいつまでもリアルで、興奮して眠れない。裁判官から、性格に問題があるのではないかと指摘されたことを思い出すと悔しくてたまらない。とうとう昼夜逆転の状態になってしまった。


子どものころから、Aさんは落ち着きがなかったといいます。じっとすること、じっくり何かに取り組むことが苦手で、公園だろうと路上だろうと、手をつながれていなければひとりでどんどん歩いていってしまったそうです。

怪我が絶えず、立てつづけに交通事故に遭うこともありました。注意力が散漫だったからです。すぐに別のことに興味が移ってしまうので、片づけも大の苦手でした。

しかし、知的能力は非常にすぐれていました。母親はAさんをこう評しました。

「あんたは天才的なところがあるけど、そうじゃないところも結構ある。だから、全体としては、できないということになってしまう」

発達の偏りを端的に言い表しています。

子どものころのAさんは、慣れない状況が苦手で、新しい場面では無口でした。しかしいったん慣れれば、人並み以上によくしゃべりました。

ただし、思ったことをそのまま口に出すからか、周りとはすぐに仲たがいします。親しい友だちはいませんでしたが、あまり寂しいと思ったことはありません。

中学時代には、いじめの対象になったこともあります。理由はわかりません。リーダー格の生徒が急に無視しはじめ、他の生徒たちがそれに従ったのです。

当時、Aさんは何も言い返せませんでした。理不尽だという思いは強く残り、これからは何があっても絶対に言い返すと決心します。その決意は、社会人になってもつづいていたのです。

発達系は独特のアンテナで外部と交感する

発達系の特徴は、現代のこの社会では結果として否定的なものとして受け止められてしまうということがしばしば起きます。しかし、そこには人間が本来もって生まれてくる貴重な性質や能力が秘められています。

それは何ものにも縛られない自由と、異質なものとの響き合いを楽しむ感応性です。

発達系は、自分の気持ちをストレートに外に表現します。オブラートに包むような小細工はしません。人からであれ物からであれ、外から何か刺激があると、そのことで生じた内心を隠しません。素直に素朴に外に向けてさらけ出します。

しかも、反射的です。刺激を受けてから反応を表すまでにタイムラグがありません。嬉しいこと、楽しいこと、悲しいこと、つらいこと。

まさに「今現在のこの場所」での裏表のない思い、それ以上でもそれ以下でもない掛値なしの思いが、言葉や行動になって表れます。その意味では、発達系は非常に信頼できる人物であると言ってもいいでしょう。

発達系の人は気持ちをストレートに外に表すだけでなく、外からの刺激が直接自分に語りかけてきているようにも感じています。直接語りかけられるというのはわかりづらいかもしれませんが、そう思われて仕方がないといったほどの強度で、ときには、ありありと感じるのです。

ポイントは「直接（無媒介）」的という点です（文献5）。

たとえば、周りの人の気持ちや人の痛みが、想像することで理解できるというよりも、直接、自分の気持ち、自分の痛みになってしまうことがあります。「雲を見ていると、僕は雲になってしまう。風が吹いてくると風になってしまう」と語ってくれた人がいます。また、ある人が教えてくれた例では、大きな建物のなかにたくさんの人たちといっしょにいたとき「いま、僕は呼吸してるな。みんな呼吸してるな」と気づいて感動したということでした。

いわば、テレパシーのように、自分という存在の芯に直接に伝わってくるように感じられるのです。

多くの人は何かを感じるとき、間に何かが挟まります。見たもの聞いたものを自分のこととして考えてみるというプロセスや、それを外に向けて反応してみるなどのプロセスもその一つです。頭のなかで何かの言葉に置き換えて解釈してみたり、ひとたび相手の気持ちになって考えてみるというプロセスが入ることもあるでしょう。ところが、そういった媒介の入り込む余地がないのです。「直接（無媒介）」的なのです。

その結果の一つとして、啓示を受けたように何かを強く確信するということがあります。たとえば、新型の強力な感染症が流行しているとすれば、外出の自粛、飲食の自粛が求められます。そのなかで、いくらデータや情報を見ても、身の回りに感染者が出ても、なぜか自分は感染しないと信じ、仮に感染しても重症化しないと信じている人たちがいます。

もちろん、考えが甘い場合がほとんどでしょう。しかし、そのなかには環境から直接メッセージを受け取ったかのようにどこかでピンと来て、科学的知見としては正しくないとわかっていながら、自分は感染しないと確信している発達系の人が混じっているようです。ギャンブルをやめられない人のなかにも、ほぼ発達系と言える人がいます。頭では、勝ち負けは確率の問題だと一方では理解しています。何かの妄想に陥っているわけでもありませんし幻聴もありません。それでも、神の啓示が降りてきたような確信をおぼえて次は必ず勝てると信じるということがあるのです。

発達系は、ときとして森羅万象がみな生命を持っているかのように感じ、言語以前の言語で直接交感しているような体験をします（文献5）。

世界は隅々に至るまで驚異と感動でいっぱいです。何でもない日常的で些細な現象が、強烈な感動をともなって経験されます。一本の草が風に揺れるのを見たり、陽光を浴びて輝くのを見たりするだけで驚嘆し、深い感動に包まれます。

芸術の才能があれば、彼らの感動はそっくりそのまますばらしい絵画や詩や小説になっていきます。

たとえば絵画。海、山、川など自然の絵を描くとき、上手であるか下手であるかはさておき、発達系はそれを徹底的に描く傾向があります。

絵画でなくとも、おそろしいほど根気のいる緻密な作業を要する手仕事の作品に、発達系的な感じ方を見出せることもあります。細密画、版画、刺繡、編み物、模型造り、細工物。そこに写し取られた自然は、ただ単に模倣、模写されたものではありません。対象への愛情や共鳴や綿密さが尋常ではなく、そのせいか対象の本質である生命や魂がそのまま現れ出て感じられることがあります。

そのような発達系の「直接（無媒介）」性は、鑑賞者にある種の記憶を呼び覚まします。自分もかつてそれを知っていたという懐かしい記憶です。

理系の知性に恵まれていれば、すぐれたひらめきから、誰も思いついたことのない発見や発明をしてのけます。それが人類の進歩に大きな貢献をするのです。

事実、発達系と思われる天才が、特異な能力で独創的な仕事を行い、社会に変革や感動をもたらしたことは珍しくありません。

ゴッホ、ガウディ、モーツァルト、ルイス・キャロル、ピカソ、エジソン、アインシュタイン、スティーヴ・ジョブズ、岡本太郎、山下清、南方熊楠《みなかたくまぐす》、宮沢賢治など、発達系の傾向のある天才は枚挙にいとまがありません。

発達の偏りが傑出した能力につながっていれば、サヴァン症候群と呼ばれることもあります。たとえば、一度目にしたものが写真で撮影したかのように細部まで鮮明に記憶され、いつでもそのまま再現できる「視覚的直観像」と呼ばれる特異な能力を持っているということがあります。

最近では「ギフテッド」という呼び名を聞くことも多くなりました。

非定型発達者の生きづらさ

どのような性格類型においても、ポジティブな面とネガティブな面は表裏一体です。発達系に関しても例外ではありません。ここまでお話しした発達系に見られるポジティブな特徴は、裏返すとそのままネガティブな特徴に直結します。

たとえば、湧いてきた気持ちを反射的にストレートに表出するところです。嘘のつけない誠実さと感じられたり、純朴なかわいらしさと感じられたりすることもあるでしょう。しかし、度が過ぎれば細やかな気配りを欠いた無神経さと受け取られてしまいます。

発達系は、たいてい度が過ぎてしまいます。

ほどほどを知らず、何事も全力投球。徹底的で飽くことを知りません。そもそも、適度なところで中庸を保てるようなら、発達系と呼ばれることはありません。

また、「直接」語りかけられたように感じる感受性にも不便な面があります。発達系の感動に満ちた感じ方が創造的な営みにつながることは少なくありません。しかし、ことあるごとに自然と一体化したり、風のささやきに聴き入っていたり、雲そのものになったりしていては、人間とのつながりが犠牲になってしまいます。

実際の生活で優先度の高いことがあっても、環境からの刺激が不意に入り込んできて心を奪われてしまうのです。そのため、ひとつひとつの課題を確実にこなすことが苦手です。発達系の人自身も、環境の侵入を暴力的に感じて苦しむことがあります。それでも、気がついたときにはすでに心を奪われてしまっていて、どうにもならないのです。

対人関係にも特殊な傾向があるため、周囲から非難されたり見捨てられたりします。子どものころからいじめの対象になりやすく、大人になってからも配偶者や子ども、同僚や上司との間でトラブルが多発します。

そこから心の問題につながることもあります。Aさんのケースのように、意地悪され、迫害され、冷遇され、差別されると訴えるのです。

多くの場合は、発達系の人の思い込みです。もちろん、その訴えが事実の場合もあるので、慎重に判断しなければなりません。

これが思い込みの範囲を越えたり、意地悪をしてくるのが知らない人にまで広がったりしたら、被害念慮、関係念慮と呼ばれる症状になったと考えられます。その原因は、自己愛が深く傷ついたことです。抑うつ状態や軽い躁状態になることも珍しくありません。結果的に、孤立した拒絶的な行動や態度が目立つようになります。

人格系との間には、とくにトラブルが起きがちです。

人格系は対人的な距離を微調整し、絶妙に保つことを最優先としていて、相手にも求めます。発達系の最も苦手なことを要求してくるのです。しかも、群れやすい人格系は多数派を形成するので、発達系からすれば多勢に無勢です。どうしても勝てません。

発達系の人の長所である「今現在のこの場所」への熱中が、人格系の人の前では最悪の短所と化してしまいます。思ったことを反射的にそのまま言う。人が見すごすものに対する鮮烈な感動に心を奪われる。こういったことに起因する言動など、人格系の人たちの空間ではもってのほかです。常識をわきまえろと寄ってたかって責められるため、発達系はじわじわと追いつめられます。とうとう爆発したところで、責任を問われて体《てい》よく追放されてしまうのです。

第3章　周囲が気になる人格系

ルールと気配りの人格系

人格系の人は、自分に自信が持てないので、将来や過去を繊細に注意深く見据えています。発達系の人が「今現在《いま》のこの場所」に熱中して、没頭していることが多いのとは対照的です。

人格系の人は、綿密な計画に沿って、おずおずと一歩一歩、用心深く歩んでいこうとします。「今現在」ではなく、過去から未来へと連続した時間軸に慎重に自分を位置付けていれば、大なり小なり過去からの荷を背負って歩むしかありません。

発達系のように我を忘れることがないので、いくら歩いても目的地は遠く、いっこうに近くなりません。根気の必要な長い旅です。

人格系は、どんなときも常識というルールを忘れません。そのルールは、発達系が拠りどころとする「マイ・ルール」とは違います。ほとんどの人から受け入れられることが確実な「みんなのルール」です。

常識は「社会ではこういうときにはこうするものだ」「こういう場合にはこれこれしなければならない」とこっそり教えてくれたり、指示してくれたりします。自分に自信がない人にとっては心強い味方です。

ところが、常識とは画一的なものではありません。状況に応じて千変万化します。常識に頼りたくても、ひとつの常識がすべての状況で通用するわけではありません。ことわざで「急がば回れ」と言うかと思えば、「善は急げ」などと正反対のことを言うことがあるのと同じです。

家族や親族内の常識なのか、会社内の常識なのか、社会一般の常識なのか。それによって常識の中身は変わります。常識とは曖昧で、意外と頼りないものです。

となると「寄らば大樹の陰」路線しかありません。そのときそのとき、これが多数派の考え方なのだと信じて行動していれば、少なくとも「危険思想」かもしれない自分の主張を表明せずに済みます。多数派の意見どおりなら失敗しても共同責任です。周りもきっと許してくれます。

人格系の人は、みんなの責任と言える状況に確実に持ち込むため、いつもアンテナを張りめぐらせています。

ですから、対人スタンスは基本的に「後出しジャンケン」です。勝つためのジャンケンではありません。勝ってオピニオン・リーダーになるのは困ります。かといって負けて少数派になるのは人格系にとって最悪です。

「後出し」はみんなの出方を見きわめるための方策です。大勢がわかったら最初から多数派と同意見だったかのように振る舞うのが必勝パターンです。

人格系の人からすれば、常識が変わったり崩壊したりしては困ります。自分も常識に身を委ねるのですから、周りの人たちにも同じようにしてもらわなければ困ります。その意味でも、周りの言動に対してアンテナを張りめぐらせているのです。

その結果、常識から逸脱しないよう相互に監視する状況になることは少なくありません。それでも人格系にとっては背に腹は代えられません。

たとえ相互監視状態に陥っていても、人格系にとっては人間関係の網の目のなかにいることが大切です。だから人格系の人は周囲への気配りを欠かしません。気配りがもたらす互恵的な関係は非常に頼りになります。そのことで居場所を保証してもらえるからです。

自分はここにいてもいいのだという安心感。

自分はこれでいいのだという自信。

これが人格系にとって一番の宝物です。なによりも欲しかったものです。この宝物を手に入れるためなら多少の犠牲は厭《いと》いません。常識を守る息苦しさや、気配りのわずらわしさなど、苦労のうちに入りません。息苦しいともわずらわしいとも感じない人は多いと思います。

人格系にとって最も重大なのは、心の奥底にくすぶりつづける「見捨てられ」の悲しみです。それに比べればたいしたことではないのです。

常識と人の評価に縛られる

人格系の人にとって「見捨てられ」は、最も恐るべき問題です（文献1）。見捨てられることに対する不安は、人格系の根底にある問題と言っても言いすぎではありません。だから人格系は「見捨てられ」を未然に防ぐ行動を怠りません。わずかな徴候さえ先回りして察知しようとする、その敏感さはたいへんなものです。

見捨てられる徴候を早期に察知するには、自分が所属している集団の常識を熟知している必要があります。集団の常識は「〜すべきである」「〜しなければならない」という行動基準のかたちでメンバーに共有され、最優先で実行し、率先して遵守することが求められます。正しいかどうかも適切かどうかも二の次です。集団の常識から逸脱すれば遅かれ早かれ見捨てられるからです。

人格系の人は、常識を常に耳元でささやかれつづけているかのようです。四六時中、頭から離れません。たとえば、こんな常識に苦しめられる女性が数多くいます。

「嫌われないためには、スリムでいなければならない。痩せているのは美しい」

自分に自信があれば気にもならない戯《ざ》れ言《ごと》です。ところが、この非常識な常識の虜になる人の多いこと。その結果、神経性食思不振症（いわゆる拒食症）の一歩手前まで追いつめられることになってしまいます。

さらに、こんな常識だったらどうでしょうか。

「おまえはできそこないのだめな人間だ。だから誰からも疎んじられるのだ。周りの人たちの機嫌を損ねてはいけない」

食べることだけでなく、生活のあらゆる行動、一挙手一投足まで完全にコントロールして「よい子」でいなければならなくなってしまいます。

一体誰がこんなことを常識だと思っているのでしょうか。集団のメンバーすべてがそうだと人格系の人は思っています。とくに問題になるのが近くにいる重要な人物です。

親、教師、恋人、上司、同僚、仲間。

人格系の人は、こうした重要な人物の顔色をうかがい、空気を読まずにはいられません。ほとんど生殺与奪の権を握られていると感じています。

自分に自信を持てないと、ものごとの成り行きを悪いほうへ、悪いほうへと予測してしまいます。ネガティブな考えを反芻《はんすう》して堂々巡りに陥ると、いくら努力しても安心につながりません。たしかに生殺与奪の権を握られているのと同じです。

人格系は否定的な評価を恐れるあまり、過剰適応のうえにも過剰適応を重ね、完全主義に陥りがちです。しかし、完全主義になればなるほど、過去の些細な失敗にこだわり、後悔の念にさいなまれてしまいます。周囲からの期待に応えられなかった恥辱感と罪悪感は強烈です。これで抑うつ的にならないはずがありません。


人格系の人は、自分の意見を表明することはあまりありません。

むしろ、意見などないと涼しい顔をしています。ほんとうは、強すぎるくらいの主張を持っている場合も少なくありませんが、おくびにも出しません。

それどころか、意見を持っていることに気づかれないかという懸念から、対人不安が高まることさえあります。ときには、それが対人恐怖にまで発展してしまうこともあるのでやっかいです。

意見や主張や要求などないかのような涼しい顔は、人格系の仮面です。仮面の下には憤《ふん》懣《まん》やるかたない素顔があります。

だから、自分は人格系だと感じる方々には注意していただきたいことがあります。

人格系は、自分が素顔を隠していること、隠された素顔があることをきちんと自覚していなければいけません。仮面をつけている時間が長いほど、素顔を見失ってしまうことがあるからです。

長年にわたって素顔を隠しつづけていると、仮面が素顔に貼りつき、自分でも仮面の下にどのような顔があったか思い出せなくなります。ただぼんやりと、かつての自分には意見や主張や要求に似た何かがあったような気がするだけです。そうなってしまうと、なかなか元に戻れません。ときには、きわめて苦しい事態に陥ることがあります。

「神経症（ノイローゼ）」という言葉の曖昧さ

人格系とは、周囲に気をつかいながら適応を心がける、なんらかの「神経症的」なところがある人たちのことをいいます。世の中の多数派です。

神経症的という表現は専門的であり誤解を招きやすいかもしれません。人格系の特徴と密接に関係するので、少し掘り下げておきましょう。

近年、古くからある神経症という概念を使うよりも、それも含めた、より広い範囲をカバーする人格障害（パーソナリティ障害）というカテゴリーとして理解しようとする専門家が多くなっています。

しかし、神経症が心重視の概念であるのに対し、人格障害は行動重視の概念であるという違いがあります。見方が違うのです。捉えにくい心は見ず、心の客観的な現れとしての行動だけに焦点を当てたい気持ちもわからないではありませんが、私自身はその考えに同意しません。

神経症をドイツ語で言うとノイローゼ（Neurose）となります。

しかし、俗にいうノイローゼは言葉の使い方が違っていることがあります。もし、ノイローゼと聞いてぎょっとするようでしたら、精神病か精神病に類似した状態をイメージしてはいないでしょうか。もちろん、とくに誤解がなければ問題ないのですが、ここでは念のためにご説明します。

神経症（ノイローゼ）は精神病や精神病に類似した状態とはまったく違います。

精神病や精神病に類似した状態では、現実と非現実が区別しにくくなっています。たとえば妄想のような思い込みに取り憑かれ、それが間違いである証拠を示しても納得しません。自分は致死的な重い病気にかかっていて余命わずかだと突然に思い込んだり、「もうおしまいだ」と言ってふさぎ込んだりします。

これは「心気妄想」と呼ばれる状態です。うつ病の極期などに現れることがあります。

こういう精神病性うつ病の状態は、神経症的な状態とは違います。

神経症では、葛藤や不安にさいなまれてはいても、現実と非現実の区別ははっきりとわかっています。葛藤といっても質、量ともに人それぞれです。深刻きわまりない葛藤や不安がある一方で、ごく日常的でありふれた葛藤もあります。非常に幅広い状態を指しているのです。


神経症とは、心理的ないし身体的症状を呈する心因性の病気を指します。

これは意識的、無意識的な苦悩や葛藤を基盤として発展する病態です。不安神経症、抑うつ神経症、強迫神経症、心気神経症、ヒステリーなどいくつかの類型があります。神経症になりやすい性格というものはありますが、いくつかの条件が揃えば誰もがなる可能性がある病気であるのが重要な点です。

深刻な葛藤を抱えていて既定の類型に当てはまる症状が見られると、神経症と診断されます。しかし、そこに至る手前で、既定の類型にも当てはまらない場合もあります。この状態は「神経症的」、「神経症的」とは言うものの、「神経症」ではありません。

「神経症的」の範囲は、かなり広いものです。「神経症的」と呼ばれる状態と「正常」との間に明確な境界線がないからです。神経症の一歩二歩手前どころか10歩も20歩も手前でも神経症的とみなせます。だから、ちょっとした悩みを抱えているだけでも神経症的なのです。

悩みが何もないという人はこの世にほとんど存在しないでしょうから、人は誰もが神経症的であると言ってかまいません。

「神経症的なところがある」という言い方は病的であることを意味しません。よく気がつく、他人の気持ちがわかるというのは、その人が神経症的であるからにほかなりません。自分が葛藤や不安を抱えていると、周りの状況を見てどこか引っかかるところに敏感に反応し、さまざまなことに気がつくからです。

あらためて、人格系について考えてみましょう。

人格系の人たちは、現実をわきまえ、社会への適応に悩む多数派です。平凡で、一般的かつ平均的な特徴を有する存在です。

この平凡、一般的、平均的という特徴を別の表現に言い換えるとすれば、それを「神経症的」としてよいくらいです。

もちろん、それは軽微な神経症的状態であるという意味です。重い神経症の人も軽微な人も、程度の差はあれ、神経症的です。人は「神経症」でなくとも「神経症的」ではあるということです。

個として成長しながらこの社会で周囲にも適応していこうと試みると、人は神経症的になることを避けられません。そこには程度の差しかありません。程度の差ならば、障害にまで至らない範囲内で神経症的な傾向を持つ人たちについて、人格系と呼ぶのは悪くなさそうです。

人格系と自己愛性人格障害の近さ

数ある人格障害的な傾向のうち誰にでも多かれ少なかれあるのは、自己愛性人格障害的な傾向です。これは、さまざまな点で神経症的と言える特徴をともないます。人格系は、自己愛性人格障害的な傾向が目立つ人を指すと理解してかまいません。

自己愛性人格障害は、極端に傷つきやすい自尊心を持ち、他人から見下されることをひどく恐れます。自信がないため控えめで抑うつ的なことが多いのですが、ときとして悔しい思いが爆発します。尊大で他人を見下すようになる場合もあります。

Bさんは20代後半の女性です。父親は教師で、学歴や世間体を重視する厳格な人です。Bさんは、小さいころから近づきにくいと思っていました。父親と価値観を共有していた母親は主婦で、どちらかというと細やかなケアは苦手だったようです。3歳上の姉は優秀で、Bさんは何かにつけて比較されていたといいます。

　母親の勧めで、姉と同じように5歳からさまざまな習い事に通いはじめますが、姉と違ってBさんの評判はさっぱりでした。小学生になったころには、せめて勉強では親をがっかりさせてはいけないと思い、Bさんなりに努力を重ねますが認めてもらった記憶はほとんどありません。何かあったときに両親から叱られるのは常にBさんでした。

　別の部屋から親の声がしただけで、何を叱られるのかとおどおどしていた時期もあります。私立の中高一貫校に入学し、まじめにやっていましたが、そのような「つまらない」自分に強い引け目を感じていました。いつのころからか、家のなかにさえ自分の居場所はないと思うようになっていました。

　大学では、かねてから興味のあった哲学を学びたかったものの、周囲からの助言によって驚くほどあっさりと諦め、将来の就職に有利だろうと考えて英文科に進みます。実家を離れられたことで少しホッとしたところはありましたが、もはや勉学への関心もなければ、成績への執着もなくなっていました。

　達成すべき目標も見つからないまま、Bさんは留年を繰り返した挙げ句、帰りたくなかった実家に戻らざるを得なくなりました。失意を慰めてもらえる環境ではなく、過去に遡《さかのぼ》って批判されるばかりです。就職活動にも身が入らず、親のコネでかろうじて地元の企業に就職しました。ここでも、一流企業で活躍する姉と比較されます。

自信のないBさんは、何ごとに対しても自分で判断することがなく、上司の指示に忠実に従い、同僚たちにも不快感を与えないよう気をつけて仕事をしていました。そのおかげか、しばらくのあいだは波風が立つことはありませんでした。むしろ、よく気のつく新人だと褒められることさえあったのです。

しかし、それも長くは続きませんでした。

社内でのちょっとした井戸端会議にたまたま居合わせたとき、ある同僚が口にした女性の先輩に対する悪口に、いつもの癖で同調して相鎚を打ってしまいます。ところが、運悪くその先輩にその場を目撃されてしまったのです。

先輩の機嫌を損ねたBさんは冷遇されるようになり、井戸端会議にいた同僚からも助け船を出してもらえません。Bさんは気分が沈み、不眠、頭痛、食欲不振などに苦しめられます。しかし後日、その傷口はさらに広がることになります。

すでにBさんがかなりの抑うつ状態で、ふだんの自制力を失っていたせいだったかもしれません。ある日、その先輩がBさんの足もとに転がったペンを拾ってほしいと頼みました。先輩に他意はなかったのですが、Bさんの癇《かん》に障《さわ》ったのです。

「ばかにするな！」

Bさんの叫びは大きな波紋を広げました。田舎の小さな会社です。Bさんは会社にいられなくなりました。抑うつ症状に加え、自分の行動に混乱して怯《おび》えさえ感じていたBさんは社会的に大きなものを失いました。しかし、その代わりに、ようやく自分の抱えている問題に向き合うことができました。

この事例で注目していただきたいのは、人格系の神経症的な特徴を持った人は、思いのほか些細なきっかけで自己愛性人格障害の領域まで足を踏み入れてしまう可能性があるという点です。人格系にとって、病的な磁場の引力は思われているよりも強いのです。

自己愛性人格障害とは何か

近年、精神医学領域で人格障害（パーソナリティ障害）と呼ばれているものは、次のように定義されています。

「その人が属する文化から期待されるものから著しく偏り、広範でかつ柔軟性がなく、青年期または成人期早期に始まり、長期にわたり変わることなく、苦痛または障害を引き起こす内的体験および行動の持続的様式」（文献4）
わかるようなわからないような文章ですが、偏りのある内的体験や行動の仕方を特徴とする障害であることがわかります。
偏り方は多種多様で、現在は10種類に分類されています。境界性人格障害、妄想性人格障害、演技性人格障害、反社会性人格障害、自己愛性人格障害、などなどです。
人格系は、ありとあらゆる小さな自己愛の傷つき体験を契機として、その極端な姿である自己愛性人格障害に近づいてしまう可能性があります。一過性の不安定な状態で済む場合がほとんどですが、持続的な問題として固定化する場合もあります。

そもそも自己愛とは何でしょうか。

これはいくつかの異なる意味合いで使われている言葉なので、混乱を招きやすくなっています。本書においては、次のように使うことに統一しています。

「自分を愛することができる能力や性質」

自分を愛するとは、自分の存在をごく当たり前に大事に思うことです。自分にはそれなりの価値があると感じている状態を意味します。健康な人にとって、自分にそれなりの価値があるのは当たり前で、あえて考えてみるまでもありません。

ところが、自己愛が乏しい人や、自己愛に深刻な傷を負っている人もいます。そのような人は「自分はこのままの状態でここにいてもよい」とは思えません。多くの場合、幼少期から存在をしっかりと保証してもらった経験がなく、この世界に存在していることの安全性を常に脅《おびや》かされてきたせいです（文献1）。

健康な自己愛は、親や身近な大人など信頼できる人たちから「それでいいんだよ」「そのままで大丈夫だよ」と言葉や態度で肯定されつづけてはじめて育ってくるものです。そうした支えが乏しいままで「〜しなければならない」「〜してはならない」「〜すべきである」という規範ばかり押しつけられると、自己愛の発達は歪められます。

親や周囲の大人など、頼りたい人たちから規範と常識ばかり押しつけられて育てられるのは、非常に悲劇的です。そうした規範や常識は子どもたちにとっては恐るべき強制力を持ちます。従わなかったり守れなかったりしたら即座に見捨てられてしまうからです。その結果、子どもは顔色をうかがうようになります。自分を信じることができなくなり、自分なりの考えを持つこともできません。

たとえば「男の子は泣いてはならない。泣くような弱い子になってはならない」という、ほんとうは非常識な「常識」を吹き込まれて育った子どもは、何かを見て悲しいと感じる自分を恥じ、そのような弱さに自信を失ってしまうでしょう。結果的に、悲しい気持ちなどはじめからなかったかのように振る舞うようになっていきます。

子どもにとって何よりも恐いのは否定的な評価です。

規範や常識から逸脱すれば否定的な評価が下され、その場で見捨てられるかもしれません。これは子どもにとって死の宣告に等しいものです。健康な自己愛の発達は阻害され、脆弱《ぜいじゃく》になります。見捨てられないで生き延びるために、周りの人たちの隠された意図や意向を汲み取り、同調的で過剰に適応しようと行動する態度が醸成されてしまいます。

考えてみれば、たいていの人はそのようにしつけられて大きくなっています。だから、傷つきやすい自己愛を抱えた人格系が多数派を占めるのです。そして、表面的には健常の範囲内にとどまっていても、ちょっとしたきっかけで自己愛性人格障害の領域にまで踏み込んでしまう人がたくさんいるのです。

こういう傾向がもともと強い人格系の場合、自信を失ったり自己嫌悪に陥ったりするような出来事に直面すると、病理化の起こるきっかけになってしまいます。

病気、怪我、手術などの一大事に直面した。

仲の良い友だちが引っ越した。

友だちから誤解された。
親しい仲間にからかわれた。
仲間はずれにされた。
試験の成績がふるわなかった。
試験の好成績を揶揄《やゆ》された。
レジで列に並んでいないのを注意された。
電車内で座席を譲ろうとしないでいたら咳払いされた。

こんなことでも、人格系は簡単に自己愛の傷を深くしてしまうのです。

人格系のもうひとつの顔

自己愛性人格障害の状態に陥ると、人格系の特徴だったさまざまな傾向が、いっそう濃厚化して浮き出てきます。

そのような症状の現れ方には二つの方向性があることに注目してください。過敏に見える方向性と鈍感に見える方向性です。前者は過剰に警戒し抑うつ的になるのを特徴としますが、後者は無関心で、傲慢、誇大になるのを特徴とします。一見、正反対に見えますがどちらも自己愛性人格障害の現れ方です(文献6)。

ここまでは人格系の特徴として、前者の「過敏に見える方向性」に近いものを挙げてきました。それについてはこのあともさらに説明しますが、ここで注目しておいていただきたいのは、後者の「鈍感に見える方向性」に近いものもあるという点です。自己愛性人格障害に両極端の二つの現れ方があるのと同様に、人格系にも対照的な二つの現れ方があるのです。


自己愛性人格障害に現れる二つの方向性のうち、過敏に見える現れ方は、周囲の反応に敏感で、極度に恥ずかしがりやであることに代表されます。

関心は他者に向き、注目の的になるのを意図的に避け、批判を懸念して人の話をよく聞きます。傷つきやすく、後悔や罪悪感が強く、抑うつ的です。

通常は目立たないことを好みますが、ときとして自尊心や自分の価値を否定されるような侮蔑に対して激しい憤怒で反応します。自己愛憤怒です。

はじめは無関心や無視、不機嫌になる程度でやり過ごそうとしますが、それを抑えきれなくなると暴力を含む感情的な爆発が起こります。Bさんが爆発したのは、この自己愛憤怒の現れです。

一方、鈍感に見える現れ方は、周囲の反応に気づかず、傲慢で攻撃的になることに代表されます。関心は自分自身に向き、注目の的になることを望みます。周囲から賞賛を浴びたい一心で、自己顕示的で自己主張が強くなります。他者の傷つきに対して鈍感になり、自分が特別扱いされて当然と思い誇大になります。


前者が自己愛性人格障害の基本型であるのに対し、後者はいわゆるナルシシストでありエゴイストです。区別しやすいようにしばらくは、前者を抑うつ型、後者を誇大型と呼びましょう。一般に「自己愛の強い人」と呼ばれるのは誇大なタイプのことでしょう。

こういう言い回しをするときの「自己愛」という言葉は、これまで使ってきた「自己愛」(健康な自己愛、ほどよい自尊心)とは異なるので注意してください。ナルシシストは、本来の意味での健康な自己愛が乏しいために注目や賞賛を強く欲し、ナルシシスティックになるのです。

自己愛性人格障害の二つの方向性は、表面的には好対照でも本質的には別々のものではありません。どちらも周囲からの評価を過剰に気にしている点が共通しています。

他人の評価によって自分がつくられると考えるのが人格系の本質です。評価を得ようと試みるときに、引っ込み思案で抑うつ的になるか、張りぼて状に出っ張って軽躁的になるかの違いにすぎません。

抑うつ型か、誇大型か。この二つの極の間の振り子が、誇大の側に振れることが多い人や、誇大の側に振れた状態になっているときは、重大な喪失感でさえ否認して、悲しみの感情がわからなくなっている場合が多いと思います（文献1）。

人格系が抑うつ的になっているときは、常に見捨てられたことへの悲しみを抱えつづけています。しかし、それが何らかの理由で抱えきれなくなり、見捨てられたことを悲しめなくなったとき、ナルシシスティックで誇大な状態に移行していきます。

人格系が誇大の極に振れるケースについて理解を助ける寓話があります。臨床の場で伝わっている話なのですが、どうやらイソップ寓話「犬と肉」と「酸っぱい葡萄」の二つが知らない間につながって一つの話になっているようです。しかし、私が聞いたとおりの話のほうが「誇大型」のあり方をよく表しているのでそのまま書くことにします。

あるところにリンゴをくわえている犬がいました。歩いている途中に川があったので覗いてみると、そこには自分と同じリンゴをくわえた犬が映っています。犬は欲をかき、もうひとつリンゴが欲しくなって川面に見える犬を威嚇します。

「ワン」

その拍子に、くわえていたリンゴが川に落ちて流れて行ってしまいました。取ろうとしても届きません。犬はリンゴをなくした喪失感、悲しみ、悔しさでいっぱいになっていましたが、それを満たすことはできません。

ところが、犬は突然きびすを返して去っていきます。

「へっ。あんなリンゴ、どうせ酸っぱくて食えたもんじゃなかったからもういいや」


犬の行動は自己愛が傷ついたときにやってしまいがちな「躁的防衛」をよく表現しています。躁的防衛とは、自分が大切にしていたものを失ったり、傷つけてしまったりしたときに、心に浮かんだ不安や喪失感を打ち消すために行われる反応です。現実に存在する自分の暗くて重い気持ちを否認して、少し昂《たか》ぶったような躁的な振る舞いをすることから、躁的防衛という名称が冠されています。

このケースでの犬は、求めても求めても足りない「価値あるもの」を探しつづけています。それで川面に映る犬の持っているもの、つまりほんとうは自分にすでに与えられているものにさえ限りない渇望を感じて、強引に手に入れようとします。誇大で躁的な振る舞いへと振れているわけです。

ところが、そのせいですでに手にしていた「価値あるもの」（リンゴ）さえ失います。すると今度は、そのつらすぎる悲しみや喪失感を否認するために、ずっと求めてきたものの価値を貶《おとし》めたのです。


過敏と鈍感、抑うつと誇大のどちらが主になっているかは人それぞれながら、たいていは両極の間を振り子のように揺れ動いているとさきほど述べました。

また、本章の冒頭で、人格系の対人スタンスは「後出しジャンケン」になるとお話ししたことをご記憶でしょうか。みんなの出方を見きわめるために「後出し」するけれども、ジャンケンに勝ってオピニオン・リーダーになるのは困るというのが人格系でした。

しかし、リーダーと呼ばれる人に人格系の人がいないわけではありません。ここで説明したような誇大な極のほうに振れている人ならばリーダーになることをかならずしも拒まないでしょう。

その点については、文化というものも考えに入れておく必要があります。たとえば、もし、アメリカの精神科医が、日本について何も知らないまま、一般的な日本人を診《み》れば、ほとんどが過剰警戒型の自己愛障害と診断するでしょう。反対に、日本の精神科医が、何の予備知識もなしに一般的なアメリカ人に会ったときには誇大型の自己愛障害だとみなすでしょう。

人格系といっても、アメリカでは自分こそリーダーにふさわしいと主張する人が多くいますが、日本には周りからリーダーをやってくれと頼まれてからでないと動き出さない人が多いと思います。これは文化の違いが同じ人格系から違う面を引き出している好例です。

自己愛性人格障害の二つの方向性は、一見、正反対に見えます。しかし、そうさせる心のしくみは同じです。どちらも周囲の評価を過剰に気にしている点で共通しているのです。日本で見られる自己愛性人格障害の現れ方は、たいてい過敏で抑うつ的ですが、ときとして鈍感で誇大になるパターンが顔を見せてきます。それは人格系の特徴に関しても同じだと言えます。

生きづらくても普通ならマシ

人格系について考えるとき、鍵となるのは「見捨てられ」です。

子どもにとって、頼りたい大人たちから見捨てられることは、ただでさえまだ曖昧でありつづけている自分という存在が消えてなくなるのと同じです。物理的に見捨てられれば、食べるものや身につけるもの、暮らすための場所を与えられません。心理的に見捨てられれば、愛情、安全、信頼感、安心感が与えられません。

しかし、これは、子どもにとって何かが与えられないというだけの体験ではありません。ただ単に、その大人たちから見捨てられたという体験でも済みません。殲滅《せんめつ》されると言ってもよいほど、過酷で悲惨な体験です。

保護され育まれるべき幼い子どもにとって、頼るべき大人たちは世界のほぼすべてに等しい存在です。そこで見捨てられるのは、世界から見捨てられることにほかなりません。それは、とどまっていい居場所も与えられず、天涯孤独でさすらわなければならないということです。しかも、ただ放っておかれるだけではありません。世界からひどい迫害を受けることを意味するのです。

幼く未成熟な心にとっては、たとえば不気味な場所に置き去りにされ、次々に自分を襲ってくる得体の知れない幽霊や怪物から、出口もわからないまま逃げては隠れ、隠れては逃げるというような内的体験になるでしょう。いくら逃げても、そのうち見つかって、ばらばらに引き裂かれたり、極限的な恐怖のなかで細かい無数の断片になったりしてもまだ終わりません。気がつくと、また恐ろしいものたちから逃げ惑っています。壊れ潰《つい》えるのは自分だけでなく、追ってくるものや周囲の情景も歪んだり崩れたりしています。

重篤な自己愛性人格障害においては、こういった悪夢のような体験が実際の夢でも、しばしば陥る白日夢でも果てしなく続きます。

さらに、現実の人間関係や生活環境までが、恐ろしい気配を帯びたものに感じられて、ただならぬ切迫感、無力感と絶望感にいつも圧倒されているのです。


そこまで極端ではないものの、人格系の人の場合もそうは変わりません。

もちろん、程度の違いはあります。見捨てられることへの不安に対してまったくなす術がないわけではありません。被害妄想や関係妄想（周囲の無関係な事象を自分に関係があると思い込む症状）にまで発展することもほとんどありません。

それでも、油断はできません。不安を自分でコントロールできる程度にとどめておける保証は、どこにもないからです。人格系の特徴と自己愛性人格障害の特徴は連続線上にあると考えておくのが妥当です。もちろん両者のあいだには距離があります。しかし、その間隔はちょっとしたきっかけで一気に縮まってしまう可能性があるのです。

もともと、不安をある程度のところで収めるには自己愛が必要です。飛行機は墜落する可能性がありますが、まさか自分の乗る便は落ちないだろうと思えるのは、自分は大丈夫と思える健康な自己愛のおかげです。

ところが、自己愛が損なわれていると、見捨てられる不安が膨れあがっていく悪循環が生じます。健康な自己愛があればブレーキの働きを果たしてくれるのですが、この働きが弱いせいで不安が不安を呼んでしまうのです。はじめは日常的なレベルの不安にすぎなかったものが、あっという間に病理的な不安にまで高まり、些細なことが大ごとになってしまいかねません。

とはいえ、ほとんどの人格系の人は、見捨てられることへの不安が自己愛性人格障害の病理的な状態まで発展するのを防ぎ、自分を守るために自分ができる有効な手段を身につけています。

それが、人格系の特徴として繰り返しお話ししてきた、空気を読み、気配りを欠かさず、常識を遵守するという振る舞いなのです。

過剰適応して生きるのはたいへんで、気苦労も多くなります。でも、一気に不安が増大しやすい性格であることは、自分がいちばんよく知っています。強烈な「見捨てられ」不安にさいなまれるくらいなら、少々の苦労はあっても、常識に守られた「普通」でいるほうが断然楽だと人格系は考えます。

「普通」でいることはあまり快適ではありませんが、誰からも傷つけられることはありません。そんなことをしていると、結局は自分で自分を傷つけることになりますが、過酷な生存環境をかろうじて生き残るために身につけた絶望的な知恵なのです。

ある程度、不安な環境に生まれ落ちるのも、なかなか避けようがない「普通」のことです。たいていの人は多かれ少なかれ不適切な条件のもとで成長してきています。

ですから、似たような葛藤を抱えて同調的に振る舞っている人は、周囲にたくさんいます。おたがいにそのことはピンときます。そこに多数派の強みがあります。同病相憐れみ、できるだけ平穏に過ごせるよう暗黙の相互扶助は欠かせません。

見ようによっては、共犯関係です。他人を批判したり否定したりしないかわりに、自分への批判も控えてもらう関係ができあがります。

ただし、多数派の結束と共犯関係を維持し強化するために、スケープゴート（生け贄の山羊）が必要になることもあります。特定のスケープゴートを攻撃することで多数派に属していることが確認されます。多数派にとっては一種の踏み絵でもあります。

スケープゴートの役割を押しつけられるのは少数派です。多数派の人格系が少数派の発達系をスケープゴートにするのが最もよく見られるケースです。しかし、多数派のなかから何か適当な理由をつけて誰かが選ばれ、スケープゴートにされることもよくあります。

いじめや差別の理由や原因はスケープゴート側にはありません。常に多数派の都合です。

人格系は自由から逃走したい

人格系は見捨てられることを恐れ、空気を読んで過剰適応していると繰り返し強調してきました。もうひとつ、非常に重要な傾向が多くの人格系にあります。

それは、自分がすでに見捨てられた存在であることや、見捨てられた存在だったという動かしがたい事実を、否認しようとする姿勢です。否認と言っても100パーセント知らん顔をするわけではありません。たいていは部分的です。

そもそも自分が見捨てられた体験をすべて否認しようとしても無理です。見捨てられた体験があること、それによって傷ついていることは痛いくらい感じているからです。だからこそさらに見捨てられることを可能なかぎり回避しようと必死になっているのです。しかし、そんなことをしても、見捨てられた体験は消えてなくなったりはしません。

問題は、自分が見捨てられた体験とそれによって傷ついた事実を意識している人でも、自分で意識できている内容は、実際に体験した全体像からはほど遠いということです。

傷があることは知っていても、どのように見捨てられてきたか、傷ついてどのくらいの痛みを感じたか、その後どのような変遷をたどったかなどについては、自分では意図しないまま知らんぷりを決め込んでいます。意識できているのは、全体のごく一部です。

自分に起きたことをしっかり知ろうとしない。自分の一部を見ようとしない。理由があることとはいえ、そうした態度でよしとしているのであれば、その人はとても不自由な状態です。

なぜなら、自分の一部分を存在しないかのように扱って、使いものにならない状態のまま放置しているからです。脚に大怪我をしていることに気づかないまま歩こうとしているようなものです。それでは自分が上手に歩けない原因にいつまでも気づかないままでしょう。

とはいえ、見捨てられた体験と、それにともなう底知れない悲しみや怒りを本気で見つめようとすると、悲しみや怒りと一緒に自分のなかに存在している、激しい羨望や切ない希求にも気づいてしまうことになります。

そんな感情にさらされつづけることは筆舌に尽くしがたい苦痛です。

そこで、人格系はこう考えます。

「どうやったら手に入るのかわからないものを、今さら求めたって仕方がない」

不自由を抱えて生きるのはつらいものですが、あえてそのように生きるべきだと考えるのです。

たしかに自由は素晴らしい。しかし常識から逸脱すれば責任を問われます。自由は常識と両立しません。自由に生きて周りから目をつけられたらどうなるでしょうか。またもや見捨てられるかもしれません。群れから弾き出されて、あてもなく彷徨《さまよ》う勇気はもう湧いてきません。

不自由な幸福のほうが自由な不幸よりもまし。人格系はとにかく安全第一なのです。

人格系は普通だからこそ生きづらいと言われます。

人格系の「普通」とは鎧《よろい》で身を固めた姿です。鎧は守りにはよいのですが、しなやかな行動を妨げます。人格系の人はそれでかまわないと思っていますが、本音の部分では変われる機会が訪れるのをどこかで待ち望んでいます。

そのチャンスが発達系との衝突です。

発達系は人格系が固執する常識に正面から切り込んできます。そこで、人格系の生きづらさと発達系の生きづらさの闘いの端緒が開かれるのです。厳しい闘いですが、双方にとって豊かな生を生きられるようになるかどうかの岐路になります。

Ⅱ　生きづらさから解放される

第4章　私のなかの「もうひとりの私」

あなたは人格系？　それとも発達系？

第Ⅰ部をお読みいただいたみなさんにはおわかりいただけたと思いますが、人間の広い意味での性格は二つに分けられます。そして、ほとんどの人が人格系と発達系のどちらかに属しています。

ここまで両者のあり方を解き明かしてきたことで、人格系と発達系とでは、わかりあうのが難しいということがご理解いただけたと思います。

人は生きているかぎり人間関係に悩まされます。表向きは明るく振る舞っていても、悩みがなさそうに見えても、快活で元気そうに見えても、おそらく誰もが人間関係に苦しんでいます。生きづらさは人それぞれですが、そのひとつひとつに、その人をとりまく人間関係が色濃く影を落としています。

私は日々、心の臨床のなかで生きづらさの源がどこにあるかを探そうと考えます。臨床の場で、臨床医として長年観察しながら、私なりに生きづらさの源へ源へと遡っていくと、いつも人格系と発達系の間に横たわる相互理解の難しさにぶつかります。

読者のみなさんも、ここまでお読みになりながら、身近な実例を数多く思い浮かべたのではないでしょうか。
学校で。家庭で。職場で。ほとんどの諍いと葛藤が、人格系と発達系との相互理解が難しいことを背景にしていることにお気づきになったと思います。両者は単に理解できなくて、わかりあえないというだけではありません。しばしば誤解を引き起こし、おたがいに不信感や怒りを増幅させ、ときには憎しみをいだいているケースに思い当たったのではないでしょうか。

第Ⅱ部、つまり第4章と第5章では、生きづらさの正体を見きわめ、それを解消する方法に踏み込みます。人格系と発達系の対立にまつわる生きづらさは、どのようにして発生するのか。どうすれば解消されるのか。いくつかの事例を通して、できるだけ具体的に考えてみます。

みなさんが人間関係についての悩みや生きづらさを少しでも感じているのであれば、自分が人格系と発達系のどちらに属するのか、あらかじめ見定めておいてください。こういう問題は、自分という生きた実例を使って、自分ごととして考えてみて、はじめて扱うことができます。

人格系と、発達系。

あなたはどちらの性格に近いでしょうか。

完全に当てはまらなくてもかまいません。どちらかといえば人格系かな、あえて分けるなら発達系かな、という程度で十分です。

熟考してもどちらかわからない人もいます。いい加減に考えた結果でなければ、同時に両系の特徴に該当することはいっこうにかまいません。

じつはこれは本書のキモに当たるのですが、両方に思い当たるということは葛藤や生きづらさがすでに解消に向かいつつある徴候でもあります。

心は混成物である

人の心は混成物です。

どんな人のどんな心でも、その全体が均一な単色だということはありません。何が前景に出て、何が背景に引っ込んでいるかは別として、さまざまな傾向が混在しています。

もちろん人格系か発達系かの二分法で「性格」という大きな傾向は把握できます。みなさんも「私は人格系だ」「僕は発達系だ」と実感できたのではないでしょうか。

人は誰でも、人格系の部分と発達系の部分からできています。多くの人はなかなかそのことに気づかないものです。

本書でまず二分法を自分に当てはめて考えてほしいと申し上げたのには、二つに分ける以上の理由があります。自分の大きな傾向だけではなく、自分のどの部分が人格系で、どの部分が発達系なのかを、それぞれ細かく選《よ》り分けていただきたいのです。

ひとりの人のなかに、共存しているとは思えない性格の二面性を見出してしまったことはありませんか。

場面や状況によって、人が自分の性格のいくつかの側面を使い分けるのは珍しくありません。意図的なのか意図的ではないのかはわかりませんが、よくあることです。

たとえば、外では手のつけられない暴れん坊のガキ大将が、家に帰ると母親のことが大好きで、母親をとても大切にしている事例がときどき見受けられます。その豹変ぶりには驚きを禁じえません。苦労しながら育ててくれている母親への感謝の気持ちを胸の内に秘めているのでしょう。

息子は母親にこれ以上の苦労や心配はかけたくないと強く思っています。それなら外で問題を起こさなければいいのですが、なかなかうまくいきません。そのため、素行に関して苦情が来ます。母親は優しいわが子の姿しか見ていないので、息子を心から信じてかばいます。母親と息子の絆はいっそう強まります。

反対に、いわゆる「内弁慶」に見える子どもも多くいます。外ではひどく引っ込み思案で、自己主張は皆無に等しく、蚊の鳴くような声でしか話をしません。ところが自宅では親に対して険しい表情で怒鳴ったり横暴に振る舞ったりするのです。

外での性格と内での性格が一致しないケースは、さほど珍しくはありません。ここで挙げた事例ほど極端ではなくても、集団を構成するメンバーの違いによって自分の色を変えるのは誰でもやっていると思います。

これをどう考えればいいでしょうか。

どちらかが嘘や芝居であるというわけではありません。両方ともその人が持つ性格だと考えるほかないでしょう。心は決して一枚岩ではありません。いろんな自分がいるのです。

人の心には、どのようなときでも純粋な混じりけのない状態はありません。自分は人格系だと思ったとすれば、正確に言うと人格系の傾向が強いと感じたということです。

ほかの人を見て「あの人は人格系かもしれない」と思ったとすれば、どちらかというと人格系っぽい傾向があると感じていることになります。自分は発達系かもしれない、あの人は発達系だろうと言うときも同じです。

ひと口に人格系といっても、濃い人格系から淡い人格系まで幅があります。スパッと断定できる人はなかなかいません。人の心が本質的には混成物だからです。

人格系、発達系の特徴も同様です。

人格系というあり方をつくっている要素、発達系というあり方をつくっている要素、どちらか一方だけがひとりの人の心のすべてを占めるということはありえません。人格系のなかには、多少なりとも発達系の要素が混じっているし、発達系のなかにもいくぶんかは人格系の要素が混じっています。どういう配分でどこにどう混じっているのか、自分でわかるか、人から見て取れるか。それも時と場合によります。

相手によって性格は変わる

人の性格はその人が置かれている状況だけでなく、その人が関わっている相手によっても変わることがあります。どんな人にでも多少の揺れがありますし、自分があやふやで、どこかに曖昧さを抱えている人はその傾向が際立ってきます。

境界性人格障害の人は、そのような傾向が極端になる場合があります。相手が教師のようであれば生徒のようになり、相手が優雅であれば気高い振る舞いで応じます。このように性格がそのつどコロコロ変わっても、多重人格などではありません。意識の連続性が保たれているからです。

誰でも、テンションが非常に高くて嫌味のない人と一緒にいると、つられてハイ・テンションになることがあると思います。口数が増えて、声も大きくなり、気分は爽快。笑いが絶えず、慣れない活動をするのも苦にならなくなります。

もちろん、数分や数時間という短い時間なら性格が変わったとは言いません。ところが、性格が変わったとしか言いようがない変化が起きることもあります。

さきほどのテンションの高い人と一週間ずっと一緒にいると、その一週間、ずっと高いテンションがつづいてしまうということがあります。そうさせてしまう人が存在するのです。自分でも、つられて高まったテンションがずっとつづいていることに気づいて、まるで性格が変わったようだと嬉しく感じる場合もあります。

じつは、一部の発達系の人たちは周囲にそうした変化を引き起こす特別な才能を持っています。ある種のグルーヴ感やノリを伝播《でんぱ》、感染させる才能です。周りはそれに魅了され、のめり込んでいきます。

そういう才能は、場合によってはカリスマと呼ばれます。カリスマとは、もともと英雄や指導者が人々を熱狂させる資質のことです。そうした天賦《てんぷ》の才を持つ人を指す場合もあります。本来のカリスマには人の性格まで変えてしまう力さえあるのです。

そこまで大仰なことでなくても、誰かとの出会いによって人の考え方や生き方が変わるケースは珍しくありません。親身になってくれる人に出会うと、それまでヤンチャをしていた人がコツコツ地道に働き、人が変わったように真面目になるパターンはよく見られます。反対のこともよく起こります。

部活動において、暴力的で威圧的な先輩から虐げられていた後輩が上級生になったときに先輩風を吹かせはじめ、下級生に対して暴力的で威圧的な言葉や行動が多くなることがあります。これも相手によって性格が変わる例です。ついでに次代への世代間連鎖も引き起こしています。

もっと極端な例も挙げておきましょう。

短期間でもDV（配偶者や恋人など密接な関係にある、またはあった者から振るわれる暴力）を受けた経験のある人は、そのとき強いられた服従的な態度が身についてしまう傾向がありますす。生き延びるためにやむを得ずとった態度ですが、悲惨なことにそれが習性になってしまうのです。これも、見ようによっては、そのような性格に変わってしまったとも言えます。

そうなると、新たに知り合った別の人物が、わずかにしかめ面をしたり怒り口調になったりしただけでも過敏に反応し、ついには必要もないのに服従的な態度を示してしまうということが起きます。片方はいかにも被害者らしい態度。すると、もう片方は加害者らしい態度になって、断ち切れない悪循環に陥ってしまう。相手はもともと穏やかな人なのに状況が深刻化していきます。

いくつかの例を挙げましたが、人の性格は相手や状況によって容易に変わってしまうという点を見過ごしてはいけません。

残念なことに、性格の変化は望ましくない方向に向かってしまうケースのほうが多いといえます。好ましい方向への変化は多くはありません。これが性格は変えることができないものだと悲観的に誤解されている原因です。

しかし、性格は変わるものだという本来の性質に注目することは大切です。性格を好ましい方向へ変えるチャンスはちゃんと存在しているのです。それを見過ごすべきではありません。相手によって性格が変化するという現象の背景を詳しく知れば、その対策を練ることができます。

人格系と発達系の相互関係をめぐっても性格の変化は起こります。

これも困った状況に陥ってしまう場合がほとんどです。

第1章でご紹介した親子の例と夫婦の例をご記憶でしょうか。ひとつは人格系の親に合わせて子どもが変貌してしまう例でした。もうひとつは、発達系どうしの夫婦のうち妻が人格系に変貌してしまう例でした。どちらも苦しみを強くしていました。

職場でも、たとえば、上司が相当な発達系で、部下にも発達系が多いとかなり難しい関係になります。

上司は管理職になるのですから、何らかの才能に恵まれている可能性は高いでしょう。先見の明があったり常識にとらわれないイノベーションへの貢献があったりというところでしょうか。しかし、発達系は好き嫌いも激しく、管理職に向いているとは限りません。

上司本人の才能が生かされているうちはいいのですが、それが裏目に出ると、見通しを読み違えた事実を認めないとか、特定の人を毛嫌いするとか、ちゃらんぽらんな人物をなぜか重用するとか、危なっかしい限りです。

才能のある困った発達系上司のお世話は、顔色をうかがうだけの人格系部下には務まりません。人格系の常識は、最初から相手にされません。人格系部下はあえなく討ち死にです。

そこで、発達系の部下にお呼びがかかります。

部下も発達系ですから空気を読むのが苦手ですが、上司に嫌われたらそれまでです。自分自身の見識と勘を最大限に使い、上司の「読み」を一生懸命、想像します。

ところが上司ほどの才能や自信のないソフトな発達系であれば、上司からのプレッシャーによって徐々に隠れ発達系に、つまり表面は人格系に変貌していきます。

発達系である自分を押し殺すのは大変な苦労です。成果があがらず使い捨てにされることよりも、こちらの苦労にいっそう同情すべきかもしれません。

生きづらさは、もともとの性格に由来するものだけではありません。相手によって異なる性格が出てきてしまうことが、生きづらさの原因になることもとても多くあります。性格由来の生きづらさと同じように苦しいだけではありません。こちらは対処するのが難しいことが多いのです。

しかし、性格が変化する背景を少しでも知っていれば大きく違います。対処法を考えるためには、自分に何が起きているかを知る必要があります。

自分を知るための深層心理学

読者のみなさんが人格系であれ、発達系であれ、性格の傾向のせいで生きづらさを抱えているなら、少しでも知っておけば役に立つ知識があります。

それは、深層心理学です。深層心理学には、性格の現れ方の背景に何があるのか、それが現実にどう影響しているのかについて、知見の積み重ねがあるからです。

心のなかの浅いほうの層を「意識」と呼び、深いほうの層を「無意識」と呼びます。

心理学にもいろいろありますが、深層心理学は、心の二層のうち深いほうの層、つまり「無意識」に注目します。意識されていない「無意識」の部分が、私たちの意識に対してどう影響しているのか、どんな働きをしているのかを解明することで、人の心のしくみ全体を理解しようとする分野です。

深層心理学は19世紀末から20世紀初め、主にドイツ語圏でおこりました。当初は、ジークムント・フロイト（１８５６－１９３９）が打ち立てた精神分析学の別名でもありました。「無意識」の存在を指摘して重視する点から「深層心理学」と呼ばれたのです。

カール・グスタフ・ユング（１８７５－１９６１）はフロイトとの理論的な対立を経て、分析心理学と呼ばれる新たな体系を打ち立てました。性格・人格の類型論（タイプ論）を提唱したことでも知られていて、本書をふくむ多くの類型論の源流とも言えます。

この二大潮流が深層心理学の代表です。

深層心理学は、本書の最も重要な土台です。

その初歩的な考え方を理解していただくだけで、人格系の人と発達系の人がいるという事実だけではなく、なぜその二つに分岐するのか、その二つは相互にどう作用しあっているのかというしくみがわかります。

深層心理学は、意識（表層心理）と無意識（深層心理）の二つがぎくしゃくすることで何が起きるのか、反対に意識と無意識がしっくりと調和することで何が起きるのかを考えてきました。その知見は、人それぞれの生きづらさに適した、それぞれの解消法を考えるヒントを与えてくれるでしょう。

そこで、少しだけ深層心理学の世界に寄り道して、いくつかの前提を見ておきましょう。人格系と発達系の話に戻ったときに、格段に理解が深まっているはずです。

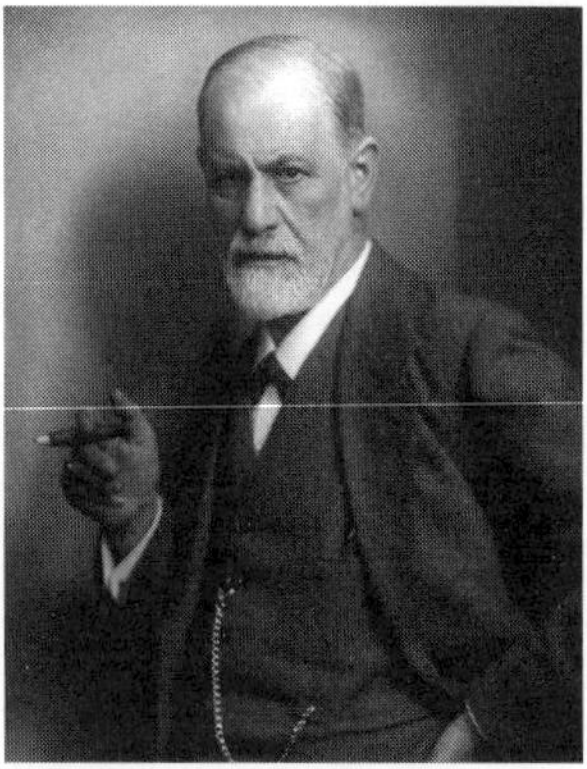

ジークムント・フロイト
(Sigmund Freud　1856-1939)

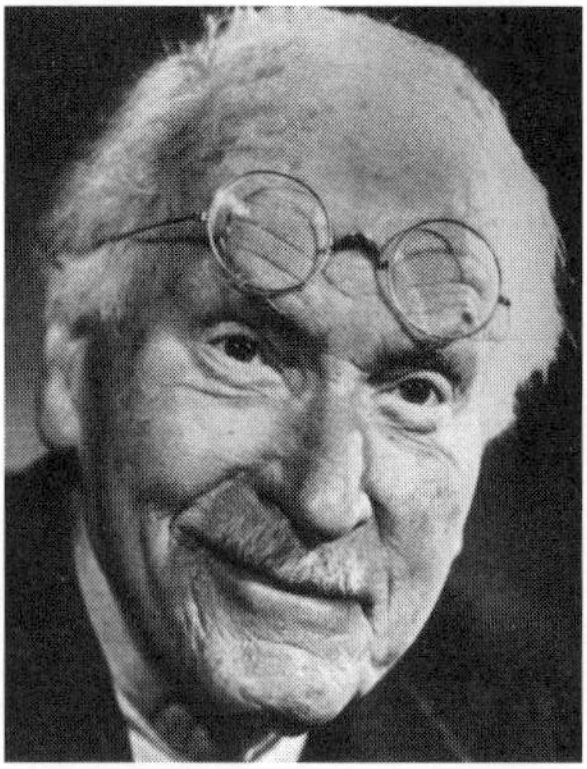

カール・グスタフ・ユング
(Carl Gustav Jung　1875-1961)
写真提供　Alamy/ユニフォトプレス

心には「無意識」の世界がある

意識が存在していることも、意識がいったいどのようなものかも、みなさんは体験的に理解しているでしょう。

ところが、無意識についてはどうでしょうか。

無意識は「意識がない」と書くほどですし、直接見たり聞いたりできません。しかし、その存在を示す間接的な証拠なら枚挙にいとまはありません。

たとえば、考えごとをしながら道を歩いていて、ふと気づくと目的地のすぐ近くまで来ていた経験はないでしょうか。

意識が考えごとをしていて、あなたは途中経過を覚えていません。それでも石にもつまずかず、塀にもぶつからず、自動車にも轢《ひ》かれず、安全への注意を怠りませんでした。何より道順を間違わずに目的地まで来ました。あなたは自動運転状態だったのです。

このとき、身体《からだ》を操縦していたものは何でしょうか。

これを無意識と呼びます。

無意識が働いているのは昼間だけではありません。睡眠中に意識が眠っている間も心は活発に動いています。その結果として私たちは夢を見ます。夢など見ないという人もいるでしょうが、単に覚えていないだけです。

睡眠中に脳波を測定し、一晩に4回から5回あると言われるレム睡眠（身体はまったく弛緩しているが脳波は覚醒中に近い活動的な波形を示す睡眠状態）のときに起こしてみると、ほぼ必ず、いま夢を見ていたと報告します。夢を見た経験がないというのはありえません。

夢のなかの「私」には意識があります。ただし覚醒中に比べてはっきりしていません。一方、夢のなかで「私」を取り巻いている現実とは違う環境や状況は、無意識の現れです。夢は意識と無意識の出会いの場になっていると言えます。

人間の心に原初の段階で存在しているのは無意識だけです。

生まれたての赤ちゃんを考えてみてください。赤ちゃんはほとんど無意識的であるように見えます。わずかに意識的になるときもありますが、すぐに眠ってしまいます。しかし、眠っていても笑ったり泣いたり怒ったりしています。はじまりは無意識の活動からなのです。

時が経つうちに意識がはっきりしてきて、起きている間は意識が優勢になります。物心がついて意識を司る自我が芽生えてきますが、幼いうちはまだ意識と無意識との距離が近いので、無意識的な空想が、現実と区別がつかないくらいリアルな経験になることがあります。

成長とともに意識は無意識から自立していきます。おかげで現実の諸問題を空想や幻想に惑わされずに効率的に処理できるようになります。

そのかわりに、意識は、無意識が存在しているということがわからなくなってしまうのです。意識には無意識のことがまったくわかりません。無意識が本当に存在するのかと首をひねる人も出てくる始末です。

ところが実際には、無意識こそが、意識を生み出した巨大な母胎です。深層心理学では、個人の意識など氷山の一角にすぎないと考えています（文献7）。水面に浮かんだちっぽけな部分にすぎないのです。ほとんどの部分は水面下にあります。

意識の背後には、広大な無意識のフィールドが広がっています。通常、私たちは意識のフィールドで生じる経験しかわかりません。ですから、その経験がすべてだと考えてしまいがちです。無意識の存在を少々感じている人でさえ、無意識は「付け足し」程度のものと思っています。

それは大きな誤解です。見たことがなくても、意識されていなくても、無意識は存在します。

意識と無意識の関係は、夜の闇と自動車でたとえるとわかりやすいかもしれません。街灯のない暗い道をヘッドライトで照らすと、光が届く範囲だけは明るくなります。しかし、光が届かない闇が占めている部分のほうがずっと広いのは常識です。無意識は、ヘッドライトが届かない闇と同じように、どこまでも途方もなく広いフィールドです。

光が届く範囲は、自分でモニタリングできるので注意を払いやすくなります。

問題は、意識の側が、光で照らされた世界だけがすべてだと思い込んでしまう点です。無意識の領域が心の大部分を占めているというのに、その存在を意識の側は忘れてしまうのです。そうでないとしても、意識が「主」であって、無意識はせいぜい「付属物」だと思い込んでしまいます。ここに、とても難しい問題が生まれてきます。

私のなかの「もうひとりの私」

ここでいったん、「無意識」は、あなたとは独立した別の人格だと考えておくことにしてください。

なぜなら、まず、無意識には自律性があるからです。無意識は、意識のコントロール下にありません。無意識は、意識とは別の意志を持っているのです。

次に、無意識にはもともと自動的に人格化、擬人化をする働きが備わっているからです。無意識が人間や人間に似た姿を持つものとして現れてくる（と私たちが感じる）ことがあるのです。

つまり、意識を「私」とすれば、無意識は独立した「もうひとりの私」です。深層心理学では、無意識がひとつのフィールドとして扱われていると同時に、独立した人格としても扱われていることを覚えておいてください。

そう考えると、心のなかでの〈意識―無意識〉の関係は、現実での〈私―他者〉の関係に似たものとなります。要するに、私たちにとって無意識との関係は、人と人との対人関係と同じようなものであるということです。

本書ではこのあと、無意識が、ひとつの人格として現れる（と私たちが感じる）場合、それを「もうひとりの私」と呼ぶことにします。

深層心理学では「もうひとりの私」のことを「影」とも呼びます（文献7）。「私」という人格の、影のような存在という意味です。しかし、混乱を避けるために本書では、なるべく「もうひとりの私」と呼ぶことにします。

「もうひとりの私」は、なにかというと顔を出してきます。

多くの場合は顔を出すことで、私（＝意識）の偏りや欠陥を補ってバランスを取ってくれています。意識とは、目に見えるちっぽけな範囲で現実的に合理的に考えることは得意ですが、それしかできない存在です。心の大部分を占めている「もうひとりの私」にカバーしてもらわなければもともとやっていけない存在なのです。

こんなふうにイメージしてみてください。

心は、広大な原野です。私（＝意識）は成長する過程で広大な原野のほんの一部分を切り開いて、人工的な城壁で囲われた王国を作ってきました。そして、いまもなお王国を拡張しようとしています。

無意識という原野はどんどん侵食されています。ですから、無意識の側は、意識があまりにもいびつでおかしな人工物を作ると、再びもとの自然で覆いつくして修復しようとします。また別のときには「もうひとりの私」を派遣してきて、和平交渉を試みようとします。

ところが、私（＝意識）は「もうひとりの私」の存在をほとんど無視しています。無視するどころか、原野を焼き払わんばかりの勢いで「もうひとりの私」の意向や要望を抑えつけているのが常です。

「もうひとりの私」と目指す方向や足並みを少しもそろえないまま、あまりにも「もうひとりの私」をないがしろにしつづけていると、心の病気をはじめとする厄介な問題が生じます。

こうした問題を解決するために、深層心理学は無意識に注目してきたのでした。

「投影」という心のメカニズム

心の奥の無意識のなかに潜んでいる「もうひとりの私」は、「私」が気づかないうちに、ところかまわず勝手に出てきます。常に抑えつけられている「もうひとりの私」は、常に出てくるチャンスをうかがっているからです。

「もうひとりの私」はさまざまなところに姿を見せます。

たとえば、かなり遠くからこちらに近づいてくる人がいます。久しく会っていない知人だと思って、あなたは懐かしくて大きく手を振りました。ところが、近づいてきたのは、まったくの別人でした。体型や動きの癖が似ていたために間違えたのでしょうか。いいえ、その人が知人に見えた理由はすべて自分の側に由来します。「もうひとりの私」がその人を知人にしたと考えるべきなのです。

その対象は生き物である必要さえありません。

子どものころ、薄暗い部屋で仰向けになって寝ているとき、天井の木目が人の顔に見えて恐くなった覚えがある人は多いと思います。パレイドリアという名でよく知られた現象です。視覚や聴覚から入った情報を既知のパターン認識で解釈してしまう心理現象を言うのですが、同時にこれも恐怖心という「もうひとりの私」が現れた例のひとつです。

毒蛇がいそうな草原や森を歩くときには、蛇嫌いを連れていけと言われます。これは私にも経験がありますが、深い山中を歩いたときの同行者のひとりが、ひどく蛇を恐がる人でした。彼の「蛇感知能力」は桁外れで、たいていは折れた木の枝でしたが、何回かは本当に蛇でした。山に暮らす人たちは昔からこのようにして難を免れてきたのだろうと思いました。

「化物《ばけもの》の正体見たり枯れ尾花」

夜中に家路を急いでいると、道端から急に化け物が現れ、心臓が飛び出るくらいびっくりして怯えた。しかし、懐中電灯で照らしてみたら、ただの枯れススキだった。そんな様子を表した俳文です。

「投影」と呼ばれる心の働きがあります。

自分の心のなかにあるものを、外の現実の何かに重ねて見てしまうことです。

「もうひとりの私」はたいてい投影という心のメカニズムを利用して姿を見せます。

投影されるものは心の奥深くにあるものです。心の奥に恐怖心があれば天井の木目を人の顔だと思い、木の枝を蛇と見間違えます。心のなかにある不安が枯れススキに映し出されて、化け物の姿に見えるのです。

ロールシャッハテストは、投影という働きが錯覚に現れ出るのを応用した心理テストです。左右対称なインクの染みを見た被験者が何を知覚したかによって深層心理を明らかにしようとするものです。


心は、いわば映写機です。しかし、像をところかまわず映し出すわけではありません。何かきっかけがあります。

「もうひとりの私」と共通点をもつ「外の現実の何か」が目の前に現れると、そこがスクリーンに選ばれて「もうひとりの私」が映し出されるのです。投影の呼び水となる「外の現実の何か」は「フック」のようなものです(文献7)。形の合うフックが見つかると「もうひとりの私」が勝手に出てきて引っかかるのです。

何がフックになって「もうひとりの私」を呼び出すかは、人それぞれです。

不快な記憶や忌まわしい体験の一部と関係するものはフックになりやすいでしょう。日ごろから否定的に評価している特徴、一般的に価値が低いとされるものごとも、しばしばフックとして働く場合があります。

たとえば、幼いころに自分に対してひどい扱いをした親戚の顔にあったほくろ、とても怖い思いをさせられた犬や虫などは、個人の過去の体験にまつわるフックです。自分の身長の低さや縮毛であることが嫌いであれば、他人のそれが劣等感に関係するフックになるかもしれません。

フックがないときでさえ投影は生じます。理由もないまま「外の現実の何か」がスクリーンにされてしまいます。内にあるものを外に映写するしくみは私たちの心に生まれたときから備わっている基本的な働きで、避けられはしません。

「もうひとりの私」は心の奥の闇に追いやられていますから、光のある外に出てきたがっています。抑圧されているので常にフックを探しています。

「もうひとりの私」が投影される事態は、いつでも、ところかまわず、勝手に起こります。「私」は投影が起きているとはまず気づきません。そのため投影された「もうひとりの私」のイメージを現実だと思い込んでしまいます。

そこが始末の悪いところなのです。

「もうひとりの私」は反対のタイプ

「もうひとりの私」は、多くの場合、「私」と気が合いません。「もうひとりの私」はたいてい「私」とは反対のタイプだからです。

たとえば、人は誰でも、人格系の部分と発達系の部分からできています。しかし、多くの人はなかなかそのことに気づきません。実感できるのは「私は人格系だ」「僕は発達系だ」ということぐらいではないでしょうか。

人格系として生きていても、実際には発達系の部分がいくらかあります。反対に、発達系としての特徴が目立つ人でも、実際には人格系の部分が存在します。

多くの場合、表に出てこないほうは、「私」(＝意識)が表に出てくることを許さなかった部分です。人格系の人は、自分の発達系らしい部分を忘れるか奥底に押し込めるでしょう。発達系の人は、自分の人格系の部分を心の奥に押し込めます。その他、いろいろな理由で、表に出ている「私」は自分とは気の合わない部分や、嫌いな部分を奥底にしまいこんでしまいます。

ですから、心の奥深くには表の「私」と反対タイプの「もうひとりの私」が潜んでいるのです。

こういう性質を持つ「もうひとりの私」が実際の人間に重なって現れたときには、難しい問題を引き起こします。目の前の相手に「もうひとりの私」が映し出されると、「私」はその相手のことを嫌いになってしまうことが多いのです。

もちろん、そういうときの相手は、前からちょっと嫌いな人物である場合がほとんどです。または、自分とは反対タイプの人物です。

たとえば、人格系の人の心の奥底に発達系の「もうひとりの私」がいれば、実在の発達系の人をフックとして現れてくるでしょう。結果として、実在の発達系の人に、私の心のなかの発達系が映し出されます。

「私」が発達系の場合はその逆です。実在の人格系の人に、心のなかの人格系の「もうひとりの私」が映し出されます。

こういうとき、「私」の目に見えているのは、相手の本当の姿でしょうか。

結論から言うと、「私」は、映し出された「もうひとりの私」の姿を相手の本当の姿だと誤認しています。

私は本当にその相手のことが嫌いなのでしょうか。

それとも、その相手をスクリーンとして映し出された「もうひとりの私」のことが嫌いなのでしょうか。

よく知らない相手なのに、その人のせいで嫌な思いをしたこともないのに、どういうわけかはじめから嫌悪してしまうのはなぜでしょうか。

なぜ「生理的に嫌い」とさえ思ってしまうのでしょうか。

こういう現象が起きたときこそ、その相手に「私」の嫌いな「もうひとりの私」が映し出されていないかを疑ってみるべきです。

もちろん、相手をよく知っていて嫌いということもあります。

これは、さらに困った事態を招きます。もともと嫌いな相手は「私」をたっぷりと刺激して、「もうひとりの私」を通常よりも強力に引っ張り出します。

そうなると相手の一挙手一投足にまで嫌悪を感じます。相手の持ち物にさえ触れたくなくなります。理屈で考えれば、持ち物を嫌う理由などないのに、です。そこまでの気持ちに至るのは、一挙手一投足から持ち物にまで「もうひとりの私」の姿が映し出されているからです。

しかし、あなたが嫌っているのは、じつは「もうひとりの私」なのです。

「もうひとりの私」にだまされないために

必要のない対立を解決するためには、現実の相手と、スクリーンに映った「もうひとりの私」とを区別しなければいけません。必要なのは、これは「投影」で「もうひとりの私」ではないかと見直してみることです。

目の前に見えているのが「もうひとりの私」だと見破るためには、自分のなかの「もうひとりの私」がどういう人物なのかを知るのが早道です。

無意識の領域にも深いところと浅いところがありますが、ここでは浅いところから来る「もうひとりの私」を問題にしましょう。比較的浅いところにいる「もうひとりの私」ほど、個人的で、私的で、抑圧されてできたものである傾向が強く出ています。

抑圧される内容は、むかし一度は意識したことがある嫌な情動体験であることがほとんどです。たとえば「親を殺してやりたいと思った」など人間として道徳的に許されない気持ち、性的な嗜好など他人に知られるのが恥ずかしい考え、弱虫で泣き虫などどうしてもその存在を否認したい自分の弱い一面などです。

深層心理学用語の「抑圧」とは「意識していると都合の悪い内容を意識の領域から締め

出す心のメカニズム」のことです。なんでもかんでも意識のなかにおいていたら生きていけません。ですから普通に知られているような「無理やり抑えつける」という意味とは少し違っています。「抑圧」も無意識の基本的な働きのひとつで、心の安寧を確保するための不可欠なしくみです。

そのため、抑圧された内容は意識されることがありません。抑圧した事実さえ意識の領域から締め出されます。切り捨てると言ってもいいでしょう。つまり、すべて、きれいさっぱり忘れてしまうのです。切り捨てて忘れたのですから、再び必要になっても、意識化して取り戻す手がかりはほとんどありません。これが基本的な抑圧のメカニズムです。

抑圧はかならずしも悪いことではありませんが、ある時期には抑圧しておくべきだったものが、後になって成長のために必要だということがよくあります。

抑圧して忘れていた内容を意識化できれば役に立つ場合は少なくありません。たしかに、意識化する手がかりがあまりないのは事実です。しかし、比較的浅い層にある「もうひとりの私」は意識化しやすいのです。忘れ去ったままにしておかないで、そこに「もうひとりの私」がいると捉えることができるだけで、意識化できる可能性は高くなります。

「もうひとりの私」がいると意識していれば、ほんの少しずつ時間をかけて生活が変わってきます。

たとえば、ある営業マンが外回りから会社に戻ると、上司や先輩がねぎらうどころか、険しい表情でこちらを見ていると感じました。彼はもともと、くよくよする性格だと自覚しているのですが、以前なら、まず何か失敗したかと考え、思い当たらなければ嫌われた理由を無理にでも探していました。

ところが、営業マンはふと思い出します。外回りのあと喫茶店でサボっていたことをです。自分でも忘れていたようなことですから知られているはずがありません。それでも、心の奥底で寄り道がバレているのではと恐れていたことに気づいたのです。それに気づくと、疑心暗鬼に陥る必要はないとわかりました。意識できない「もうひとりの私」が心のなかにいるとイメージするのに慣れているからこその発想です。

犬を飼っている人は多いと思います。犬と言えば散歩。犬の散歩中にこんな経験をしたことのある人はいないでしょうか。

私の愛犬は小型犬です。犬といつもの散歩コースを歩いていると、向こうから大型犬を連れた中年の男性が歩いてきました。何度か遠くから見かけたことのある男性と犬です。大きな犬はもちろんですが、男性は輪をかけていかつく見えます。

「えらくおとなしい犬だな」

「怖がらなくてもいいじゃないか」

そんな言葉を吐きながら、こちらを小馬鹿にした薄ら笑いをされそうだと想像しました。知らん顔をしたいのに、あちらの大型犬が私の小型犬に関心を持ったようで、こちらに向かってきます。いざとなったら私の小型犬を守らねばと緊張が高まります。

ところが、大型犬の飼い主は、低く短い声で号令をかけて自分の犬をコントロールすると低姿勢でこちらに向かって言いました。

「かわいいワンちゃんですねえ」

大型犬の飼い主は私の犬の前でしゃがみ込み、自分の手のにおいを私の犬にちょっと嗅がせます。そうやって安心させてから、そっと首のあたりを撫でました。犬の習性をよく心得ている人のようです。

大型犬はおとなしくしています。たしかに外見はいかつく、怖く感じたのは不思議に思わないのですが、よく見ると飼い主の顔はまったく怖くはありません。どうして飼い主まで怖く見えたのかが不思議です。

それ以来、飼い主どうしも犬どうしも親しくなりました。はじめの怖そうな印象の人物は実在していませんでした。恐怖している「もうひとりの私」が、その人物に映し出されて見えていただけだったのです。

もしもそのまま通り過ぎていたら、投影は解消されなかったでしょう。

「もうひとりの私」を意識化すると、誤解が消える場合があります。理由のはっきりしない現象が起きているときに「もうひとりの私」を見つけ出すことができます。

ただ、簡単にはいかないのも事実です。というのも、私たちは幼いころから投影に慣れ親しんでいて、それが役に立っていることもどこかで知っているからです。投影は、手放そうとしてもなかなか手放すことができません。

見破られるだけで「投影」は消えてなくなる

「投影」について長くお話ししました。

人格系と発達系の話になぜ投影のしくみを理解するのが必要だったのかをまとめましょう。もちろん、とっくにお気づきの方も多いと思います。

「もうひとりの私」はたいてい「私」とは反対のタイプです。

反対のタイプだということは、「私」が人格系ならば、「もうひとりの私」はたいてい発達系です。「私」が発達系なら「もうひとりの私」は人格系です。

なぜ、そうなるのでしょうか。


ここで思い出してください。

人は誰でも人格系の要素と発達系の要素の混成物でした。表向きは人格系の人にも発達系の要素が含まれていて、発達系に見える人にも人格系の要素が多かれ少なかれ入っています。どちらが優位かの問題でした。

また、人格系と発達系の要素の混成物といっても、濃淡には幅があります。

たとえば、濃い人格系を「人格系の要素が8割、発達系の要素が2割」とします。淡い人格系は「人格系の要素が6割、発達系の要素が4割」です。反対に、濃い発達系を「発達系の要素が8割、人格系の要素が2割」とすると、淡い発達系は「発達系の要素が6割、人格系の要素が4割」というブレンドでしょうか。

ここまでのブレンドについての話は、基本的に意識（「私」）のフィールドを指しています。人格系か発達系かは、その人の「私」のフィールドにおいて人格系の要素が多いか、発達系の要素が多いかを指していると考えてください。

では無意識（「もうひとりの私」）はどうでしょうか。

さきほどの投影の深層心理学にもとづいて考えるなら、「もうひとりの私」は心の奥に押し込められ表に出してもらえなかった存在です。私がそのときそのときに切り捨てて忘れていたもの、つまり、抑圧した要素が「もうひとりの私」には多く含まれています。表に見えている「私」が気に入らないか、相容れないほど反対の要素が心の奥に押し込められているというのは想像しやすいと思います。

「私」のフィールドで人格系が優勢になっているのは、発達系の特徴を数多く切り捨てて排除した結果です。したがって、切り捨てられた発達系の特徴が「もうひとりの私」のフィールドで優勢になるため、「もうひとりの私」は発達系になります。

反対に「私」のフィールドで発達系が優勢になっているのは、人格系の特徴を数多く切り捨てて排除したからです。したがって、切り捨てられた人格系の特徴が「もうひとりの私」のフィールドで優勢になるため、「もうひとりの私」は人格系になります。

もちろん、「もうひとりの私」が人格系であっても発達系の要素も混ざっています。「もうひとりの私」が発達系であっても人格系の要素も混ざっています。しかし、「もうひとりの私」について考えるときは少ないほうの要素を無視してかまわないでしょう。

それよりも見なければならないものがあります。それは、「もうひとりの私」の持っている特徴と要求です。「私」のタイプを知ることで、「もうひとりの私」の特徴を理解すれば、「もうひとりの私」がいつ、どこに現れて、何を要求しているのか理解する大きな手がかりになるのです。

「私」と「もうひとりの私」との関わりは、まず、私ひとりの心のなかで起こります。しかし、「もうひとりの私」との関わりは現実という「心の外」においても起こるという点が重要です。「心の外」とは要するに、現実の人間関係のことです。

人格系でも発達系でも、心の内外で「もうひとりの私」と関わるのです。

なぜ心の外でまで「もうひとりの私」と関わらなければならないのか。「もうひとりの私」が現実の何かに投影されてしまうからです。

投影は自動的に起こる現象で避けられませんが、投影を解消する方法はあります。「もうひとりの私」を意識化した途端、投影は消えてなくなるのです（投影の「引き戻し」と呼ばれています）。

目の前の相手の本当の姿を見る方法はこれしかありません。「もうひとりの私」を意識化し、投影を解消しなければ正しく見ることはできないのです。それまでは、恋人であれ、同僚であれ、上司であれ、自分で作りだした幻想が投影された姿にしか見えていません。「あばたもえくぼ」式に、欠点まで長所に見えることもあるでしょう。「袈裟《けさ》まで憎い」式に関係するすべてが腹立たしく見えることもあるでしょう。しかし、どちらも本当の姿ではありません。

投影を悪者にしてきましたが、じつは本来は不可欠なメカニズムです。

人間の心には、その場その場で臨機応変に適応する機能があります。性格さえもその場に合わせて変わることがあります。そのとき、投影が役立っています。

たとえば、人は未知の相手や環境に直面したとき、投影の働きによってその正体を推測して認識しています。微細なフックをつかまえて「もうひとりの私」が現れ、見知らぬ相手がどのような人かをほのめかすのです。おかげで人は、不意に出会った相手に対してどう振る舞えば無難なのか細かく考えずに反射的に行動できるわけです。

このメカニズムは情報不足の際に役に立ちますが、裏目にも出ます。小さなフックだけで無意識的に推測するのでは、瞬発力はあっても、やはり一種の決めつけになりがちです。推測はたいてい部分的にしか正しくありませんし、全体的には見当はずれです。反射的な対応が逆効果を生むこともあります。結果として、人間どうしがぶつかり合うことになりかねません。

人格系と発達系がぶつかり合う本当の理由

人格系と発達系の話に戻りましょう。

人格系と発達系とは噛み合わないと何度か申し上げました。しかし、よく考えてみてください。噛み合わないだけで、ぶつかり合うでしょうか。相互に関心を持たないだけでは済まないのでしょうか。二つのタイプは、すれ違うのではなくぶつかり合います。そこには、じつは次のような事情があるのです。

人格系の場合、「もうひとりの私」はたいてい反対タイプの発達系です。発達系である「もうひとりの私」は目の前にいる相手のどこかにあるフックに引っかかって投影されます。すると、相手が実際以上に濃い発達系であるように見えてしまいます。

そこで、ふたりの関係は人格系対発達系というバトルの様相を呈するのです。

人格系は、学校で活動をするときクラスメイトや先生、親の信頼を裏切ってはいけないという意識が強く働きます。何らかの作業を引き受けたり、反対に作業をお願いするときには、多くの情報を集めて誰にでも受け入れられる「みんなのルール」を踏まえて、ことを運びます。こうした緻密さは、度を越してしまいがちです。そこまでやれと言われていないのに期待に応えたい一心で引き受けた作業に熱心に取り組みます。

そこに「マイ・ルール」の発達系が混じると、非常にややこしくなります。みんなに協力してもらって作業を進めているのに、頻繁にミスをしたり雑なことをしたりして作業がはかどりません。そのミスを本人が挽回できないときは救いの手を差し伸べなければなりません。場合によっては後始末や尻ぬぐいが必要です。

ミスをした人が自分と同じ人格系であれば、それほど関係は悪化しません。真剣に努力したうえで、たまたまミスをしたんだろう。例外的なことで、やむを得なかったんだ。そう納得できるのです。

ところが、相手が発達系の場合にはそうはいきません。

人格系の心の奥底にいる「もうひとりの私」がうごめきはじめます。この「もうひとりの私」は発達系です。日ごろ人格系の「私」が発達系の要素を心の奥底に追いやっていたわけですから、「もうひとりの私」は発達系要素の集合体みたいなものです。

発達系である、この「もうひとりの私」が、目の前の発達系クラスメイトをスクリーンにして映し出されます。

こうして事態は悪化します。

実在する発達系クラスメイトの実像のうえに、心のなかの発達系「もうひとりの私」の虚像が重なります。すると、発達系クラスメイトのさまざまな特徴が誇張されて見えます。人格系の「私」の目からは、発達系の短所が倍加されて見えるのです。

こういう状態が長引けば、発達系クラスメイトが悪意をもってミスをしていると感じられるようになります。

もはや、ただ短所があるという認識だけでは済まなくなります。目の前にいる発達系クラスメイトは、私が嫌いで、私に意地悪をするため、困らせるためにわざとミスをしたり雑なことをしたりしているにちがいない。人格系の「私」は本気でそう思いはじめます。

こうして、人格系と発達系との現実の人間関係は険悪なものになるのです。

それだけにとどまりません。人格系の「私」は、他のクラスメイトや先生たちからの評価がガタ落ちになった絶望感にさいなまれ、みんなの前で萎縮した振る舞いしかできなくなります。ときには、周りと顔を合わせたり口をきいたりすること自体に苦痛を感じ、不登校にすらなりかねません。

このようにして、人格系は「もうひとりの私」と心の外の世界でもぶつかり合っています。

同じことは発達系においても起こります。

発達系の場合、心の奥底に潜んでいた「もうひとりの私」は人格系です。

人格系の「もうひとりの私」も同じようにして発達系の「私」の前に映し出されます。

その結果、発達系の人も、やはり心の外にある現実の世界で「もうひとりの私」とぶつかり合います。

たとえば、発達系の女性が小さな会社に事務職として転職しました。新人だからということもあって、外からかかってくる電話に出るのは彼女の役目です。

はじめのうちは勝手がわからないので、単独で処理できる用件はほとんどなく、同僚や上司に電話をつなぐのが当たり前でした。

しばらくのあいだはそれでよかったのですが、一年も経つとそうもいかなくなってきます。本来の担当業務に関しては、じっくり時間をかけて取り組む姿勢を褒めてもらえるようになりました。

しかし、電話番の業務だけはなかなかなじめません。

彼女の問題は、電話で複数の用件を言われると、どれをどういう順序で伝えたらよいか考えているうちに、頭が混乱してくることでした。さらに、メモを取りながら話を聞くのも苦手で、細かいところまで覚えていられません。その結果、大事な用件の一部を聞いたそばから忘れてしまうのでした。

彼女は、書類やファイルを目で見て処理するのが苦手なわけではありません。しかし電話は難しい。視覚優位（≒聴覚劣位）の傾向や、単一作業が得意（同時進行の作業は不得手）な傾向は、健常範囲内の発達系の人にもよく見られます。発達系の特徴である「マイ・ペース」「マイ・ディスタンス」は、こうした情報処理のやり方とも密接な関係があります。

当初、彼女が電話対応に四苦八苦しているのを見て、同僚は「そういう案件はあの人に任せるといいよ」「こういうことならいつでも私に訊いて」と親切に言ってくれていました。

そんな同僚たちが近ごろは、なんとなく顔をそむけるようになった感じがします。それまでどおり電話をつないでも「そんな用件でいちいち回すな」という拒否的な反応を暗に示す同僚が徐々に増えたと感じているのです。

彼女は電話を回すのにも気兼ねしなければならなくなり、無理に自分で対処しようとしますが、結局できません。見るに見かねた同僚が電話を奪うようにして代わってことなきを得る毎日です。

そうした状況でだんだん追い込まれていくうちに、発達系の心の奥底に潜んでいた反対タイプの「もうひとりの私」が力を持つようになります。

彼女が自信を喪失し、過敏になっている状態を映し出すように、周りが人格系特有の「みんなのペース」「みんなのディスタンス」を強制してくるのを感じはじめます。そこから外れている自分は、冷ややかに見られている。彼女がそのように誤解しはじめるのに時間はかかりませんでした。

じつのところ、同僚が「なんとなく顔をそむけるようになった」「拒否的な反応を暗に示すようになった」と感じてしまったのは、彼女のなかの「もうひとりの私」の仕業でした。発達系の彼女が見ていたのは同僚の本当の姿ではなかったと言えます。彼女の心に潜んでいた人格系が外の現実に映し出され、その姿を見ていたのです。

困っている彼女に代わって電話に出るときに、同僚が受話器を「奪うようにした」と感じたのも同じです。彼女が自分の心のなかの「もうひとりの私」の姿を見てしまって、被害妄想的になった可能性があります。

このようにして、発達系も「もうひとりの私」と心の外の世界でもぶつかり合っているのです。

人は心の内でも外でも「もうひとりの私」と対峙している

人格系が現実の世界で「もうひとりの私」とぶつかり合う様子、発達系が現実の世界で「もうひとりの私」とぶつかり合う様子を、事例を挙げて眺めました。

しかし、こうしたぶつかり合いが起きるのは現実の世界においてばかりではありません。心のなかにおいても生じているのです。

人格系が心のなかで「もうひとりの私」とぶつかり合っている例を挙げてみましょう。人格系は常に、広い意味での人恋しさを抱いています。ひとりではいたくないので、同じ傷を持つ人格系どうしで集団を作るケースが多く見られます。たぶんこれは人格系の処世術でもあるでしょう。

人格系の集団は同調性を重視します。リーダー格の者もそうでない者も些細な空気の読み違いで失脚したり排斥されたりします。学校の仲良しグループでは、構成メンバーの入れ替え、離合集散が日々めまぐるしく繰り返されています。そのおかげで、迷える子羊やはぐれ狼が多数発生しています。

集団をはじき出された人格系の子は、深く傷ついて殻のなかに閉じこもってしまいます。それでも人恋しさから逃れられず、自分と似た境遇にある子とくっつこうとします。

とはいえ、同じ人格系で似た境遇にある者とくっつくのは容易ではありません。容易でない理由はこうです。仲良しグループはひとつのクラスに複数あり、大きいグループから追い出された者が小さい別のグループに入れてもらうと、大きいグループが小さいグループを攻撃することがあります。大国からの亡命者を受け入れた小国は、大国に攻撃されるわけです。亡命者は迷惑をかけたくないので余計に苦しみます。

比較的波風が立たない亡命先は、もともとひとりでいる発達系の子のところです。そのため、普段はたがいに関心を持たない人格系と発達系が接近していきます。

人格系は、いつものように慎重に状況を見きわめながら、少しずつ距離を詰めていこうとします。そしてようやく、ある程度の距離まで近寄ることに成功します。

ところが、そう思ったのもつかのま、発達系の相手があっさり離れていこうとするケースが少なくありません。そもそも、発達系はそういうことを繊細に扱う気がないからです。悪気はありません。

人格系は、表向きは人恋しさを見せないよう、発達系の子への接近を図っているときも涼しい顔を装っています。見捨てられた傷を負っていて、またそうなる事態に遭遇する危険に敏感になっている人格系は、たとえ見捨てられてもそのときに受けるダメージを最小化できるよう工夫してしまうのです。

これに対して発達系はあっさりしています。相手との距離が近くなるのも遠くなるのもそのときだけの話です。遠ざかったからといって今生の別れになるわけではないと思っていますから、あっさり離れていく一方であっさり戻ってくることもあります。風の向くまま気の向くままの「マイ・ペース」で、「マイ・ディスタンス」です。

人格系も、相手に合わせるかのように見た目はあっさりと振る舞います。しかしながら、人格系にとっては多大な時間とエネルギーを注いできた苦労が水の泡です。相手には何も言いませんが、自分自身のなかには鬱屈した思いが湧き上がっています。

心の外の現実世界では発達系とぶつかり合うことができないかわりに、心のなかでは発達系の「もうひとりの私」が荒れ狂っています。放っておかれて泣きわめく幼子のように単なる悲しさや寂しさをはるかに上回る激情をあふれさせ、人格系の「私」を圧倒します。人格系の「私」が心の奥底にいる「もうひとりの私」とぶつかり合っている状況です。この状況はいろいろなことに影響します。

同じように、発達系が心のなかで「もうひとりの私」とぶつかり合うこともあります。たとえば発達系の夫が人格系の妻と結婚したような場合です。

発達系には適応性の高い人もいますが、そうではない人もいます。適応性が高くはない発達系の場合には、自分勝手のし放題になり、ときにはＤＶが発生するなど、人格系の妻とぶつかってばかりになります。しかし、比較的適応性の高い発達系の場合はそうはなりません。このケースでは適応性の比較的高い夫を考えてください。

発達系の夫はバイタリティがみなぎっていて活動的です。人格系の妻を自分の行きたいところへあちこち連れ回し、マニアックな興味関心を熱く語ります。無尽蔵に見えるエネルギーで飽きることなく暴走しつづけるので、はじめはおとなしく付き合っていた妻も疲れてきます。

人格系は、もともと疲れに敏感です。妻はさすがに辟易《へきえき》し、少しずつ距離を取りはじめます。ここで適応性が高くない発達系ならば妻の態度に怒りを爆発させますが、この夫は比較的適応性が高いので、ときには妻の態度に怒りをおぼえながらも、自らを省みます。過去の失敗体験を思い出し、自分が妻を振り回しすぎたことを後悔します。

発達系特有の「マイ・ワールド」「マイ・ペース」はほどほどに自制し、夫婦の間で「みんなのルール」「みんなのディスタンス」を共有すると心に誓います。こういうところが適応性の高さにほかなりません。妻も夫の態度に軟化します。

しかし、そこから後は人格系の妻が夫婦の主導権を握るようになります。

発達系にとって「みんなのルール」「みんなのディスタンス」はあまりにも没個性的に感じられます。集団的な規範と自分自身の個性との間で引き裂かれそうになってしまいます。

現実の世界における人格系の妻とのぶつかり合いは目立ちませんが、発達系の夫の心のなかの世界では、人格系である「もうひとりの私」がどんどん力を持ちます。そして、発達系の夫に、必要以上に適応しろ、もっと適応しろと迫るのです。

発達系の夫は、このまま人格系に必要以上に適応しながら生きていくか、それとも元の発達系の「マイ・ワールド」「マイ・ペース」に戻るかで葛藤します。つまり、「もうひとりの私」と「私」との葛藤がどんどん深まっていくのです。

このようにして、人格系の場合も、発達系の場合も、「もうひとりの私」とぶつかりつづけます。そのぶつかり合いは、心の外の現実世界で起きることもあれば、心のなかの世界で起きることもあります。

つまり、人は内でも外でも「もうひとりの私」と対峙しなければならないのです。

なぜ人を憎むのか、なぜ生きづらくなるのか

心はもともと葛藤も対立もなく、意識と無意識が分かれていない混沌とした状態にありました。赤ちゃんを思い起こしていただければわかりやすいと思います。

しかし、混沌のままでは立ち行きません。心の成長とともに意識（「私」）と無意識（「もうひとりの私」）が分かれていきます。

意識と無意識は必要があって二つに分化しました。

しかし必要以上に隔てられると、心身の変調が起こります。「もうひとりの私」が機を

見て出てこようとするからです。そのときには投影のメカニズムが利用され、「もうひとりの私」は他人の姿のうえに映し出されます。

これが、人間どうしのぶつかり合いを引き起こします。

または、激化させます。

でもこれは、本当なら、心のなかの世界で「私」と「もうひとりの私」の間で起こるべきぶつかり合いです。代理戦争のようなものです。

あなたが人を憎らしいと感じるのは、「もうひとりの私」が映し出されているのを見ているからです。そもそもまったく関わりのない人であれば、憎んだりはしません。そういう人だなと思うだけです。

当初よくわからないままに感じられていた心身の変調や、心のなかで感じていた若干の生きづらさは、外に吐き出され、現実の形を持ちはじめます。今度は、そのせいで他人を憎むようになったり生きづらくなったりします。

これはとてもつらい状態です。なんとかして生きづらさを解消したくなるはずです。

そのためには、「もうひとりの私」の正体を確かめ、その存在を認め、共存をはかっていく必要があります。

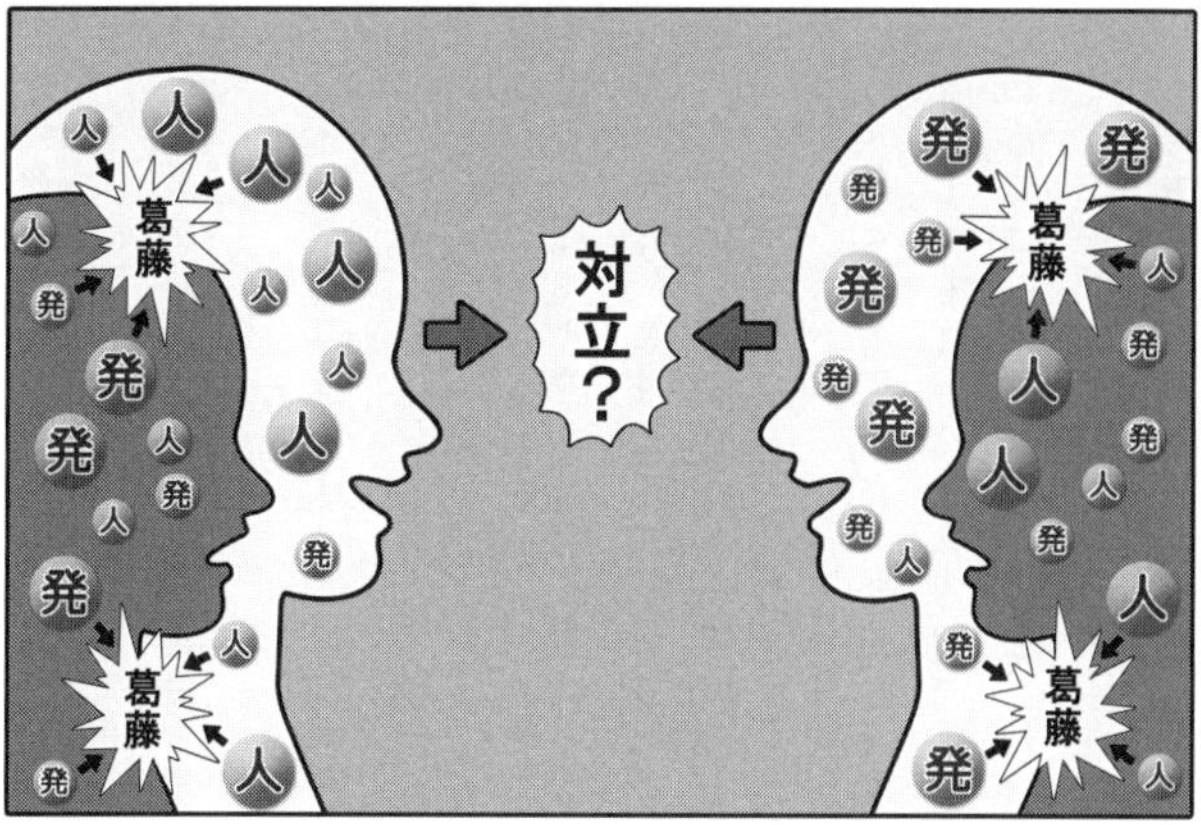

人に腹が立つときは自分の何かを投影している可能性がある

なぜなら、意識（「私」）と無意識（「もうひとりの私」）がウィン・ウィンの関係になれば、別々の方向を向いていた両者が同じ方向を向いて進みはじめ、欠け落ちていた連帯感がよみがえってくるからです。

心は、あちこちの方向に引き裂かれそうになって苦しんでいます。ならば、ひとつの方向に向くようにしてあげればよいだけです。うまくいけば、心は全体がひとかたまりとなって活動できるようになります。

本来であれば、おのずから「もうひとりの私」との共存をはかっていくことになるはずです。それが心の自己治癒力の現れです。なんらかの理由でうまく働かなくなっていても、必要な修正をするだけで自己治癒力は発揮されるのです。

心には、全体性の実現を目指すメカニズムが内蔵されています。心身に不調が出てきたり、他人に憎しみを感じたり、生きづらくなったりするのは、「もうひとりの私」との関係を築きなおして心全体が成長するためのチャンスが到来した証なのです。

ただし、原初の未分化な全体性に戻っても意味がありません。赤ちゃん返りと変わりません。明確に分化したあとの統合でないと、ただの退行です。

引き裂かれそうだった心をもう一度ひとつにすることで生きづらさを解消するには、つらさやモヤモヤをしばらく抱えておく必要があります。

怒りや憎悪にまかせて短絡的に行動に移さないように注意してください。人間関係はますます悪化し、事態はさらに混沌とするばかりです。つらい気持ちを抱えたまま踏みとどまっているうちに、自分の本当の心がどうなっているのか、少しずつはっきりしてきます。

圧力鍋の蓋を時期尚早に開けると、料理に必要な化学変化は起きません。せっかくの好機を逃してしまうことになります。単にうわべの行動が変わるだけでなく、心の状態まで変わるには、密封しつづけなければなりません。葛藤のきっかけになったものは、しばらくそこにキープしておくのが望ましいのです。

人格系の頑張り屋さんをご記憶でしょうか。学校のみんなで作業を進めているとき、世話の焼ける発達系がミスをすることに内心で怒っていました。自分を困らせるために悪意を持ってわざとミスを連発しているとさえ思っていました。

しかし、そこでしばらく踏みとどまったのは幸いでした。なぜなら、その後、クラスメイトからその発達系の子について聞く機会があったからです。その発達系の子は、放課後に遅くまでひとり残り、自分に与えられた担当を何度もやり直していたそうです。その子は周りに迷惑をかけないよう、人知れず自分なりの努力を重ねていたのでした。

人格系の頑張り屋さんは、発達系のクラスメイトに悪意があるに違いないと考えた自分のことが恥ずかしくなり、悪意があったのは自分のほうだったと気づきます。そのとき、現実へと虚像を映し出していた「もうひとりの私」は本来の居場所である「頑張り屋さん」の心のなかへと戻りました。

もし、相手への激情にまかせて圧力鍋の蓋を開けていたら、投影による虚像を実像と思い込んだまま、相手の本当の姿を知ることはなかったでしょう。「もうひとりの私」と正面から向き合うこともなければ、「もうひとりの私」の存在と影響に気づくこともなかったはずです。

同じようなことは、電話対応が苦手な事務員のケースにもありました。

彼女は周りの同僚たちから冷ややかに見られているに違いないと確信していました。同僚たちに「もうひとりの私」の姿を見ていたからです。結果的に彼女は電話を同僚に回しにくくなり、自分ひとりで処理しようとして悪循環に陥っていました。

彼女がつらい思いを抱えて悶々《もんもん》としていたある日、また電話がかかってきます。ところが、彼女にとっては電話の相手の話はまったく要領を得ません。おそらく、相手が事情をきちんと整理して話してくれなかったからでしょう。

話をしているうちに、彼女は相手の言っていることを少しずつ復唱しながら確認していかなければならなくなりました。そうしないと、話が進まなかったからです。悪戦苦闘していると、話の途中でひとりの同僚が彼女の肩をとんと叩き、電話を代わってくれました。彼女が相手の話を細かく復唱していたので、周りには電話の相手が何を言いたいのかだいたい見当がついたようでした。その件に比較的詳しい同僚が、彼女に代わって電話に出てくれたのです。

同僚から力を貸してもらえたのは偶然の成り行きだったとはいえ、彼女は驚きました。たった一度、力を貸してくれたという出来事で「もうひとりの私」が仕掛けた勝手な思い込みから解き放たれたのです。彼女は心から安堵《あんど》しました。

この経験からヒントを得た彼女は、電話に出るときに工夫をするようになります。それまでは簡単な返事をしたり相鎚を打ったりしながら話を聞いていたのですが、それほど入り組んだ内容でなくても話を聞きながら細かく復唱するようにしたのです。

効果は覿面《てきめん》でした。それまでは、困惑している自分のことを冷ややかに見ているとしか思えなかった同僚たちが、彼女の復唱する声に自然に耳を傾けはじめました。そして、自身の持ち分と思われる用件に関しては、まったく嫌そうな顔もせずに代わってくれるようになったのです。

彼女は、今まで感じていた周りの悪意や圧力が思いすごしだったことに気づいて驚きました。再び転職を考えていましたが、もう一度この職場の人たちのことを信じてみたくなったのです。

学校での人格系の仲良しグループの場合、また比較的適応性の高い発達系の夫の場合は、「私」と「もうひとりの私」とのぶつかり合いが、心の外の現実世界から、心のなかの世界へと場所を移していきました。

このように、「もうひとりの私」との関係は、当初はぶつかり合いというかたちで顕在化することが少なくありません。そのとき、安易な行動に走らず葛藤を抱えつづけているうちに、「私」（意識）は「もうひとりの私」（無意識）と正面から向き合い、対話の席に着くように迫られます。

意識されていない「もうひとりの私」は暗く、汚れていて、恐ろしいと感じられるものです。「もうひとりの私」は自らの意志で勝手に動き回るので、コントロールもできません。それが「私」の不安を掻き立てます。

「もうひとりの私」が自律性を持っている以上、たとえ「私」のほうに邪魔をする意図はなくても、どこかで必ずぶつかり不意打ちをくらうにちがいない。そうなる前に首根っこを押さえるしかない。そんなふうに「私」は考えがちです。しかし、それでは、心のなかでふたりの自分がずっと闘っている状態になってしまいます。

「もうひとりの私」は、「私」がこれまで生きてきた過程で意識せず、選んでこなかったすべての選択肢が集まってできています。つまり、そこには、まだ選んだことのないすべての可能性が保存されているのです。

「もうひとりの私」は、闘う相手ではなく、対話の相手です。なんらかの事情で意識されることがなかった選択肢の別名です。つまり、忘れられていた選択肢の別名です。八方塞がりになった現実の状況を打破するために必要な新しい力は、それまでに顧みられることのなかった私たち自身の無意識のフィールドに保存されているのです。

第5章　自分と仲直りする方法

人間関係を改善するために

ここまでお読みいただくと、「もうひとりの私」に気づくことによって、現実の人間関係も、改善の方向に向けられることがおわかりでしょう。

それだけではなく、私とは反対タイプの「もうひとりの私」も、かならずしも関係を改善できない相手ではないことがおわかりいただけたと思います。

人間関係改善の第一歩は、あまり難しく考えることはありません。

たしかに「もうひとりの私」はなじみが薄い相手ではありません。しかし「もうひとりの私」はひとりの人間のような存在ですから、未知の生物と対峙するわけではありません。

ほとんどの人が「もうひとりの私」との交流経験が乏しいと思います。それが当然と言えば当然なので、まずは現実において疎遠な人や初対面の人に会うときの状況から考えてみてください。

どのような対人関係にも必ず初期段階があります。そこから模索して建設的な関係をつくり上げていくはずです。そのときも「投影」が働いて思い込みや偏見を持ってしまったことがあるかもしれません。そういった障害を乗り越えて創造的な関係の構築に成功した経験や、逆に失敗した経験を思い出してください。そのとき、何を考え、どのように振る舞っていたか。そのプロセスを振り返れば、どうすればいいか見えてくるはずです。

まず、初対面です。

誰でも新しく人間関係を築こうとする場面があると思います。きっと緊張したり困ったりしたはずです。初対面では、それまで無関係だった最も遠いところから、たがいの領土、警戒区域内に踏み込もうとします。人間関係を取り結ぶ試みの最たるものです。そういうときに私たちは何に留意しているでしょうか。

最も重要なのは、敬意です。

見知らぬ相手でまだ何もわからないからこそ、知人に対して抱く敬意よりも意識的ではっきりした敬意でなければいけません。

もちろん、初対面ではなくても、相手への敬意は人間関係の基本です。

たがいに相手から敬意を払われて尊重されていることを感じながら顔を合わせていれば、複雑で困難な問題も、こじれることなく解決できるかもしれません。心理的に遠い人であれ、近い人であれ、相手に敬意を払い相手を尊重するのが人間関係構築の「いろはのい」であることに変わりありません。

それでは、「もうひとりの私」に敬意をはっきりと示して、きちんと伝えるために、どのような点に気をつければいいのでしょうか。

常識的に考えれば、まずは礼儀が大切です。

非礼はもちろん論外で、慇懃無礼《いんぎんぶれい》でも礼を失します。形骸化した礼儀はもってのほか、真摯《しんし》な気持ちがなければ相手に敬意は伝わりません。

初対面の場合と同様に、頭のなかでいちいち考えなくても、心ある人は目の前の知人に正しく敬意を払って自然と人間関係の改善を図っています。普通は勝手にそうしたくなってしまいます。

「もうひとりの私」に対して、こういう気持ちを持ってほしいのです。

人間関係がおのずと改善するプロセス

現実の人間関係が改善していく場合というのは、じつは、心のなかで「もうひとりの私」との関係改善も並行して進んでいます。

次に示す会社員Cさんの事例でそれを見てみましょう。

Cさんは周囲に対する敬意、真心からの礼儀を持つ意義を再発見することによって、自分自身の生きづらさを解消していきました。

Cさんはそれをごく自然に行っていますが、よく見ると、そのプロセスは「もうひとりの私」によって支えられていたのがわかるのです。

Cさんは30代後半の男性で、製造関係の中堅企業の社員です。中途採用で入社して以来まじめに仕事に取り組んできました。

しばしば「底の知れない虚無感」にさいなまれて這いあがれない気持ちになります。そして、なぜか何をするのも嫌になってしまうのです。そのことでCさんは、とても苦しんでいます。

その前に勤めていた小さな会社はアットホームな雰囲気で好きでしたが、あるときCさんの意見が採用されないことがありました。

Cさんの意見は会社のためを思う真心からのものでした。このままでは近い将来、会社が潰れてしまうと考えて意見したのですが、激論のすえに却下されます。

Cさんは会社のためを思ったのに却下されてしまったことに、「自分が軽んじられている気がして」好きだった会社を去ります。たしかに、Cさんの危惧は正しかったようで、その会社はまもなく倒産してしまいました。

Cさんは直観的にものごとに対処するタイプで、得手と不得手の違いがはっきりしています。凝り性ですが、じっとして作業をつづけるのは苦手で、常に活動していることを好みます。とはいえ目を引くほどの業績をあげているわけではなく、地味な印象があります。

じつのところ、Cさんは動くたびに小さな失敗を重ねていて、それは自分でもヒヤヒヤするレベルです。過去には、会社に大きな損害を与えそうになったことさえありました。Cさんは、その不安をごまかすのに苦労しています。

「もうあまり危ない橋は渡りたくありません。くたびれてしまうんです」

Cさんはそう漏らしました。

咄嗟《とっさ》にはわかりづらいのですが、じつはCさんが語ってくれた内容は、Cさんの心のなかで「私」と「もうひとりの私」が闘っていることを示してくれている典型的なお話です。Cさんが闘っている相手である「もうひとりの私」について考えるために、Cさんがどのようなタイプなのかを先に明確にしておく必要があります。

Cさんの特徴を挙げてみます。直観的にものごとに対処する、得手と不得手の違いがはっきりしている、じっとしているのは苦手、活動していることを好む。そして、よく失敗するとのことです。

以上の特徴から、Cさんは発達系と考えられます。「もうひとりの私」を見つけるには、自分と反対のタイプを探すのがポイントです。Cさんの「もうひとりの私」は人格系です。

気になるのは、はじめに就職した小さな会社で、Cさんの意見が却下されたときの様子です。話を聞く限り、会社が下した結論は真剣に議論を尽くしたうえで出されたものだったように思われます。

ところが、Cさんは、自分が軽んじられている気がしたと言うのです。

自分の意見が採用されないことなど、組織では当たり前のことです。真剣に議論してもらえるだけでもありがたいくらいかもしれません。それなのにCさんは、意見が採用されなかっただけで軽んじられていると感じました。なぜでしょうか。この疑問を心にとどめて、つづきを見てみましょう。

Cさんは、前の会社を辞めるに至ったことから痛い教訓を得ました。だからCさんは言います。「対外的な活動はそこそこに、金融通であることを武器に社内での自分のプレゼンスを確保するための活動を優先しています」。その甲斐あってか、転職組のなかでは出世が早いほうです。

Cさんを打ちのめす虚無感は、以前にもなかったわけではありません。しかし最近になって、大きなプロジェクトのリーダーに抜擢《ばってき》されてから、とくに頻繁に感じています。周りのメンバーに支えられ、プロジェクトそのものは順調です。ところが、いくら仕事がうまくいってもCさんはいっこうに落ち着きません。

「心の安らぎがない」

「誰かに出し抜かれるような気がしてならない」

そう感じているのです。


前の会社で受けた痛手がどれほど大きかったにしても、社内での自分のプレゼンスを確保するための活動を優先していると語るのには違和感を覚えます。何がCさんにそうさせているのでしょうか。

もしや、Cさんのなかの人格系の「もうひとりの私」の仕業ではないでしょうか。Cさんの心のなかに潜む人格系が、周囲に投影されているのではないでしょうか。

Cさんは「誰かに出し抜かれるような気がしてならない」という不安を口にしていました。Cさんの目にはすべての同僚たちが野心的で、周りを踏み台にしてでもトップまで昇り詰めようとするしたたかな策士に見えていることがうかがえます。

発達系のCさんは、自分のなかの人格系の姿を、同僚たちに重ねて見ていたのです。しかも、Cさんのなかの「もうひとりの私」は、自己愛性人格障害のところで説明した「誇大型」に近い特徴がある人格系だと思われます（文献1、6）。

誇大型の人格系は自分の能力を過大評価し、他者より優れていると考えたがります。人格系というと抑うつ的で神経質なタイプを思い起こしがちです。たしかにそちらのほうが多いと言えます。しかし、誇大なタイプも地続きで、しかも心のなかでより強く抑圧されがちであることも覚えておいてください。

発達系としての強みはあるものの、失敗が多いという弱みも持っているCさんは、自戒もあって対外的には地味に振る舞っています。しかしそこには、Cさんもあまり意識していない自己愛の傷が潜んでいるようです。だからこそ、社内でのプレゼンスを高めることに躍起になっているのです。

自己愛の傷つきは二種類の現れ方があると第3章で述べました。ひとつは、くよくよ、びくびくしがちな過敏な状態。もうひとつは、自分大好きで他人を押しのける誇大な状態。過敏な状態は比較的、自分で意識しやすいところがあります。しかし、誇大な状態は意識しにくい場合が多いのです。ときとしてCさんを覆い尽くす虚無感は、人格系である

「もうひとりの私」が過敏と誇大の両極のあいだを激しく揺れ動いて空回りし、ひどく疲弊した結果かもしれません。そのうえ、Cさんは誇大な「もうひとりの私」を同僚たちに見ていますから、もはやがんじがらめです。

ひとりでできる「もうひとりの私」との対話

Cさんが自分のなかに人格系の「もうひとりの私」がいると認め、自分自身の大切な一部として敬意を払うことができれば、対人関係は改善され、Cさん自身も楽になると深層心理学は考えます。はたして、その後の経過はどうなったでしょうか。

ある日、Cさんは普段と変わりなく入浴していました。そのとき、いつものように自分の癖になっている独り言を言っているのを自覚しました。

独り言といっても、昼間に実際にあったやりとりや、空想上のやりとりを会話形式でつぶやくのです。ひとりでボケとツッコミを繰り返して漫才の真似ごとをしているような感じです。Cさんにとっては入浴中の鼻歌と大差ありません。一日の疲れを癒やすための気楽な慰めにすぎません。

もともと凝り性のCさんは、しばらくのあいだ、独り言の内容を「自分でモニタリングしてみた」そうです。独り言はいつもどおり深い考えもなしに口から次々と出てくるものですが、出てきた言葉ひとつひとつを頭で意識して観察してみたというわけです。

すると、ちょっと気になる言葉が出てきました。

「ふぅー。やっぱり風呂は気持ちいいねえ」

「毎日どんだけ入ってるんだよ。1時間はつかりすぎだろ」

「だって新陳代謝がよくなって、お肌もスベスベになるじゃん」

「おいおい、もうすぐ40歳になるんだろ？　お肌すべすべって気持ち悪いんだよ」

「あ？　40男がお肌スベスベで何が悪い？」

「中年男はモジャモジャでザラザラが相場なんだよ」

「単におまえがスベスベになれないからだろ？　そりゃおまえの嫉妬だよ」

Cさんは、はっとしました。自分の口から嫉妬という言葉が出たことに驚いたのです。

「おれはみんなに嫉妬してるんだろうか……」

このところ悩まされてきた落ち着かなさや虚無感の背景に、正体不明の強い嫉妬があるとすると、いろいろと辻褄《つじつま》が合う。そう考えるとCさんは「なんだか腑に落ちてしまった」と言います。ただし、それで納得できたことに軽いショックも受けたのですが。

小さな失敗を犯さずに、たいていのことをうまくこなす同僚たちへの嫉妬。言われてみれば、たしかにそういう気持ちがCさんにはありました。

その嫉妬の存在は、はじめのうちはほんのわずかに「コツンと響く」ものとして思い当たっただけでした。しかし、何日か経つうちに、どうやら小さいものではなさそうだと感じるようになったのです。

独り言を口にする人は多いとしても、会話形式でやってみるというのは珍しいかもしれませんし、自分の独り言を観察（Cさんいわく「モニタリング」）してみるというのも珍しいでしょう。

独り言は口にしたそばからすぐに忘れてしまうものです。しかし、たまたまCさんは次々と出てくる独り言を、頭の中で観察する実験を思いついたのです。発達系ならではのひらめきと言ってよいでしょう。

なんと、それが功を奏したのです。

深層心理学では「もうひとりの私」との対話を方法化しています。それは、思い浮かんだやりとりを口にしたり書き出したりして形を与える作業をコツコツ積み重ねることによって少しずつ行います。

Cさんが嫉妬というワードに、はっとしたのは、思いもかけず「もうひとりの私」との対話が成立した瞬間だったからなのです。

Cさんがやっていたような「作業」ならば難しいことではありません。

みなさんもぜひ試してみてください。

他人との関係は自分のなかでの仲直りと連動している

Cさんは独り言の相手に敬意を払っていたと言えることにお気づきでしょうか。

Cさんは独り言の内容を何気なく流して忘れてしまったりしませんでした。初対面の相手に会ったときのように、そこに相手がいると認めて、何を話し合ったのかモニタリングするなどして尊重していました。敬意を払う、尊重するということは、流さない、無視しないということなのです。もともと真面目なCさんらしい思いつきです。

こうして礼を尽くした結果、Cさんは「もうひとりの私」を同僚たちに重ねて見ていた自分に気がつきます。小難しい理屈による理解ではなく、体験的な理解です。

そして、嫉妬心の存在を事実として否定しないでいると、自分のなかに虚栄心があることに気づきました。

すると、やがて、自分の小さな失敗をみんなの前で素直に認めたくなってきました。虚像をつくり出すのではなく、同僚たちの前でも等身大の自分でいたくなったのです。このプロセスが自然に進んでいる点は、非常に興味深いところです。

もともと小心なのにいつの間にか傲慢になっていた自分のことを、Cさんは少し恥ずかしく思いました。その後、Cさんは小さな失敗をするたびにその場で正直に口にすることにしました。もちろん、これからはできるだけそうしようとはっきり決心したうえで、意識して振る舞いを変えたのです。

失敗したことをその場で口にするといっても、あれこれ細かい部分まで言うわけではありません。やや大きめの声で「ありゃあ」と口にしたり、たまたま隣にいる同僚に「しまった。ちょっと間違えたわ」と言ったりする程度です。

決心したとき、Cさんは「もうひとりの私」と仲直りしていました。

実行するには勇気が必要でした。Cさんにとって、勇気を出して実行することが同僚たちに敬意を払うことでもありました。この場合の「敬意」とは、同僚たちが等身大のCさんを容認してくれるに違いないと信頼することと言い換えてもよいでしょう。

Cさんは、清水の舞台から飛び降りるほどの勇気を振り絞って行動しました。だからこそ、自分が失敗を口にするたびに周りの反応をとても気にしていました。

ところが、わずかにくすくす笑いが聞こえる程度です。誰も失敗をカバーしたり慰めたりはしてくれませんでした。

ちょっとがっかりしたCさんは同僚のひとりに「おれが失敗しても、みんな、なんだか冷たい気がする」とつい愚痴をこぼしました。すると、同僚はあきれたような顔をしてこう言いました。

「そんな失敗くらい、いまさら驚かないからなあ」

誰もがずっと前からCさんのそそっかしさを知っているからだというのです。

その後、Cさんは「いじられキャラ」になりました。嫌ではありません。むしろ「Cさんって天然ですね」などと同僚たちから言われることを、なんとなく嬉しいと感じています。

Cさんは解放されました。長らく求めていた「心の安らぎ」が、こんなにも身近にあったことに気がついたのです。

以前は、誇大な「もうひとりの私」を同僚に重ねていたため、彼らがCさんに嫉妬して出し抜こうとしていると思っていました。しかし、Cさんのなかにこそ嫉妬心を燃やす「もうひとりの私」が存在していることを認めて、嫉妬していたのは私だったのだと意識化してからは、同僚たちは等身大の実像になり、攻撃を仕掛けてくるとは感じられなくなったのです。

同僚たちは、たしかにCさんが嫉妬しても不思議ではないくらいの度量を持っていました。Cさんの発達系らしい特徴にはとっくに気づきつつ個性と捉えていただけではありません。Cさんに垣間見える人格系的な誇大さをことさらに批判することもなく、広い心で見守っていました。Cさんが自然に投影を解消できるときが来るのを待ってくれていたわけです。

Cさんは、心のなかで成し遂げた「もうひとりの私」との仲直りを、現実の人間関係における仲直りに結びつけました。Cさんと同僚たちの関係の変化は特筆すべきものです。

真っ先に仲直りしなければならないのは自分自身

ここまで、人間関係の改善のために必要なことをいくつか示してきました。

最も重要なのは、私は「私」という意識だけでできているわけではないということです。「もうひとりの私」という名前の無意識も、私を作っている大きな要素です。「もうひとりの私」は心の奥底にいますが、心の外の現実にも現れます。「もうひとりの私」は投影というしくみのせいで他人の姿に重なって映し出されます。その結果、「私」は他人との関係がうまくいかなくなります。

しかし、あなたが他人とのぶつかり合いだと思っていたものは、本当は「私」と「もうひとりの私」とのぶつかり合いだったのです。

これは、私と他人との間では解決できません。何か働きかければ働きかけるほど悪循環となって、相手に対する憎悪は膨らんでいきます。

いつ果てるとも知れない生きづらさはこうして生まれているのです。

目をつけるべき的《まと》は「もうひとりの私」とのぶつかり合いです。投影によって心の外に移されていたぶつかり合いを、本来のぶつかり合いの場である心の内に戻します。ぶつかり合う相手も他人ではなく、本来の相手である「もうひとりの私」に戻すのです。他人との関係は、心のなかの「もうひとりの私」との仲直りと連動させなければ改善できないからです。

現実の人間関係も、「もうひとりの私」との関係も、改善するには相手に敬意を払うことが非常に大切です。Cさんの事例は、どうすれば相手に敬意を払い尊重することになるか比較的わかりやすいほうです。

しかし、見きわめが難しい場合もあります。

さきほど、礼儀が大切だと言いましたが、これには非常に繊細な面が含まれているからです。

本当に大切なのは礼儀の形式ではなく根本にあるものです。これを「あり方としての礼儀」としておきます。その人の、礼を尽くす姿勢のようなものです。礼儀という行為が出てくる源となるような、その人の態度やたたずまい。そういった「あり方」から礼儀がにじみ出てくるとイメージしてみてください。おそらく、もとから、礼儀というものを通して私たちが相手に伝えようとしていたのは、私たちの「あり方」のほうだったのです。

敬意や礼儀の繊細なところを教えてくれるのは、たとえば家に引きこもって荒れている子どもが、親に対して無理難題をふっかけてくるような場面です。

深夜に自室から出てきて台所で夜食をあさっていた子どもが、親がそっと用意しておいた食事が気に入らず皿ごとテーブルからひっくり返し、自分はカップ麺をつくりながら「今すぐ片付けろ」などと命令します。

このとき、親はどう対処するのが正解なのでしょうか。命令されたとおりに片付ければ子どもの癇癪《かんしゃく》はおさまるのでしょうか。それとも自分のしたことだから自分で片付けなさいと断固たる態度を示したほうが子どもは納得するのでしょうか。

正解はどちらでもありません。

こういう局面で問題になっているのは行為そのものではないということは、みなさんも理解しやすいところだと思います。

子どもはたいてい、親の行為に反応するわけではありません。行為よりも、その背景にある目に見えない親の「あり方」に反応します。子どもは親の、子どもや自分自身に対する姿勢、態度、スタンスを繊細に感じ取り、その質に対して反応を返しています。

もし、親の「あり方」が子どもにとって信頼できるものであれば、その場で片付けようが叱ろうが、子どもが暴れることはないでしょう。反対に、親の「あり方」がぶれていれば、どちらの対応であろうと子どもはさらに荒れるでしょう。親が子どもの命令に従うか従わないかという一回一回の行為が問題になっているわけではないのです。

子どもから見て、親の「あり方」が敬意を持てるものになれば、子どもは礼儀を欠いた行動をしなくなり、家族の人間関係は改善に向かうはずです。

親は、親を見抜く子どもの力を見くびっていないか振り返らなければなりません。

自分が子どもに敬意を欠いたことをしていないか自己点検するべきです。

自分自身の「あり方」を常に更新している親に対し、子どもは自分の存在を危険にさらしてまで、わざと親を困らせるような「試し行動」をすることはありません。

親子関係に限らず、他人との人間関係の改善のためには、まずは自らの「あり方」の更新が必要です。

他人に本当に敬意を払えるのは、自分のなかにいる「もうひとりの私」に敬意を払える人に限られます。心の奥底にいる「もうひとりの私」とどうしたら仲直りできそうか、さまざまな可能性を模索する姿勢にこそ敬意の有無が現れます。だから、模索することそのものに意味があるのです。

「もうひとりの私」と仲直りする

人間関係とは別の悩みにも、「もうひとりの私」との仲直りは役に立ちます。「もうひとりの私」と仲直りができれば、心にずっと抱えてきた葛藤が解消される可能性があるからです。そして、その機会は、自然に、思わぬところからやってきます。

Dさんの事例を見てみましょう。このケースでも、Dさんが人格系であるか発達系であるか、「もうひとりの私」がどこに顔を覗かせているかなどの点に注目してください。

Dさんは20代前半の女子学生です。このところ抑うつ気味で、心身の不調感に悩まされています。とくに「頭が働かない」感じがして困っているといいます。

丁寧な口調で、慎重に言葉を選びながら礼儀正しく話すDさんは、「うつ気味」だとは言うのですが、客観的に重篤感はなく、立ち居振る舞いも自然な印象があります。

大学での成績はそれなりに良い部類で、サークルの友だちなどもわりと多いようです。大学院への進学を目指してきましたが、最近は卒業論文に打ち込めず、アルバイトにも身が入りません。そのような状態に自分で焦るばかり。苦にならないのはベランダの鉢植えの世話くらいです。

特徴を見ると、Dさんは人格系です。理由はいくつかあります。常識を十分に踏まえた行動ができる点、関心の対象に著しい偏りがあるようには見えない点、友だちが多くさまざまな価値観を共有できていそうな点などです。

人格系が少し抑うつ的になるのは珍しいことではありません。Dさんの場合、主観的には「抑うつ気味」ですが、客観的に行動から見て取れるほどではなく、とりたてて病的な状態と判断する必要は感じられません。健常者の振り子の振れ幅の範囲内です。

だからといって、この状態を軽んじてはいけません。いまのうちに自分を変える努力をしないと、そのうちいよいよ困った状態になりますよ、という警告だからです。まがりなりにも社会生活が営めるあいだは、自らの人格系としての傾向を見つめ直す好機だとも言えます。

何か変だとは感じるものの、どうしてそうなのか自分でもよくわからない。

心の問題はたいていそのように体験されます。

もちろん、直接のきっかけはわかります。しかし、そのきっかけからなぜ不釣り合いなほどの反応が起こっているのか、思い当たらないケースが多いのです。

Dさんの場合、周囲とのトラブルはほとんどありません。葛藤の主な原因は外の現実より、むしろ心のなかのようです。これは「もうひとりの私」との関わりが、はじめから心のなかで起こっている状態を示しています。外の世界に投影しているものもあるかもしれませんが、「もうひとりの私」との心のなかでの対話のほうが優勢になっているようです。

心のなかでの対話といっても、かならずしもCさんがやっていたようなお風呂での文字どおりの対話（独り言）のことではありません。また、意図的に内省することだけでもありません。

たとえば、気がつけば物思いにふけっている。空想がいつのまにか広がっている。自問自答がほぼ自動的に繰り返される。こういった半意識的な心の活動も心のなかでの対話です。これらは、内へ内へと向かう自然な活動です。

「私」が向き合うべき「もうひとりの私」はかなり手強いので、このような内向的活動がいつ果てるともなくだらだらとつづく場合も少なくありません。これは思いのほかエネルギーを取られます。その結果、「私」が外に向けて振り分けることができるエネルギーが相対的に減少してしまいます。それが慢性的な疲労感、意欲の低下、無気力感として経験される場合もあります。

さきほど「半意識的な心の活動」と述べましたが、意識している度合いが乏しければ乏しいほど、なぜだかわからないまま現実的な活動が停滞していると感じます。実際に、Dさんは卒業論文にもアルバイトにも身が入りません。そのことで、焦りを覚えてさらに苦しくなるのはよくあることです。

もし、現実的な活動が理由もわからないまま停滞しているのを感じたら、自分のエネルギーが内向し、心の奥底の「もうひとりの私」とのぶつかり合いに費やされているかもしれないと疑ってみてください。

そういう状態を「ストレス」「悩み」「憂鬱」「モヤモヤ」「落ち込み」などのお手軽な言葉で片付けてしまっては、もったいない限りです。

もし、何か鬱屈した気分を感じたら、それには原因があるという前提で「もうひとりの私」を探してください。「もうひとりの私」が私に何かを言おうとしているのではないかと考えてみてください。それを繰り返すうちに、漠然とでも、心のなかで何かの作業がはじまったらしいと感じられるようになるはずです。

心の葛藤がおのずと解消するプロセス

卒業研究や進学のための準備が今の状態に陥るきっかけになったくらいのことはDさんもわかっています。小さなストレスではありませんが、「抑うつ気味」になるほどのことでもないとDさんは考えています。

それでもたしかに、変調を感じているのです。

そして、どうしてそうなってしまったのか見当がつかないのです。

そういう不釣り合いな状態こそ「もうひとりの私」に対する気づきへの扉になっています。そのまま内向きの作業をつづけるだけで扉が開く場合もありますし、少しだけ投影の働きに助けられてヒントを得ることで扉が開く場合もあります。

Dさんの日常には、投影の展開を思わせる重要な変化がありました。

Dさんには、大学院生である恋人がいます。ところが、最近は彼ともうまくいっていません。もともと、彼は比較的活動的な人です。うつうつとしているDさんに、それまでと変わらず陽気に話しかけてきます。

Dさんは、そんな彼にひどくいらいらするようになっています。見境なく声を荒らげたり、腹立ちまぎれに連絡を絶ったりしたこともあります。普段のDさんとは思えない行動です。そのような行動に走ったあとはいったん気持ちが収まりますが、すぐにたまらなく淋しく、悲しくなって、Dさんは声をあげて泣きます。

ところが、仲直りしてすぐに彼に会うときには、Dさんはまた同じようなことを繰り返してしまうのでした。彼のほうも相変わらずなので当然なところもありますが、自分ではどうしようもありません。

――私はもう人が変わってしまった。

Dさんはそんなふうに思いつめています。

興味深いのは、Dさんが「私はもう人が変わってしまった」と感じた点です。この変化は自分でも抑えられないものだったようで、Dさんには一時的なことだとは思えませんでした。抑うつ気味で普段の余裕がなかったせいもあると思いますが、Dさんの変化は恋人の態度などから大きな影響を受けてのことだったことがうかがわれます。

恋人のことはあまり詳しくわかりません。しかしその快活さ、活動性、ちょっと繊細さが乏しいらしいことなどから、発達系に近い人ではないかと思われます。おそらく天真爛漫なタイプです。このケースでは、Dさんが恋人につられて人が変わってしまったかのような体験をしている点に注目してみましょう。

人が変わってしまったのは、Dさんの心の奥底にいた「もうひとりの私」が現れてきたからです。この「もうひとりの私」は、おそらく発達系の傾向が強いでしょう。Dさんのいらいらや激しい怒りは、人格系特有の自己愛憤怒であり、その矛先が恋人に投影された「もうひとりの私」に向けられているものと思われます。

ここがDさんにとっての分かれ道です。

映し出されているもののなかに「もうひとりの私」がいるかどうか、いるとしたらどこからどこまでがそうなのか、しっかりと見きわめなければなりません。はたして、Dさんにはそれができたのでしょうか。

泣きじゃくりながら、Dさんはなぜこんなに恋人のことが嫌いになったのか考えつづけていました。答えはいつも、彼のデリカシーのなさに行き着きます。

しかし、ふと思い当たることがありました。彼はたしかに気がきかない人ですが、それが嫌というよりも、自分にもかつて彼のように快活な子ども時代があったことを突きつけられるのがつらいのかもしれない……。

Dさんは、とうの昔に失われた子ども時代を思い出すよう、否応なく迫られつづけていました。繰り返しつらい思いを味わわされていたのです。そして、あるとき不意に思い起こします。

――私には自分で封印した何か大事なものがあった気がする。はっきりとは覚えていないけど、たしかにあったはず。いろいろなことに夢中になっていたころ、日が暮れるまで道端の花や虫を「研究」していたっけ。私はあそこに何を置いてきてしまったのだろう。

Dさんは恋人の言動にいらいらし、喧嘩と仲直りを繰り返していました。この喧嘩には、人格系のDさんの心の奥で長いあいだ息を潜めていた「もうひとりの私」がうごめいていたようです。発達系の要素が濃い「もうひとりの私」は、いつも快活な恋人の姿に投影されていました。そして、人格系のDさんは、恋人というスクリーンに映し出された「もうひとりの私」とぶつかっていたのでした。

Dさんは、恋人の姿がDさん自身にも子ども時代があったことを突きつけてきているという重要な事実に気づきました。人格系のDさんですが、心のなかの「もうひとりの私」は、道端の花や虫を「研究」するような、自分の興味関心から目をそらさない一途さを持つ子どもとしての特質を持っているようです。

封印されていた「もうひとりの私」にDさんが気づいたとき、恋人に対する「もうひとりの私」の投影は自動的に解消されはじめました。現実で起きていたぶつかり合いはDさんの心のなかでのぶつかり合いに移行していきます。「もうひとりの私」は本来の居場所に戻り、本格的な対話がなされる準備が整ったのです。

「もうひとりの私」との対話がはじまる

「もうひとりの私」と仲直りするには、「もうひとりの私」との対話が必要です。それでは、「もうひとりの私」との対話とは、どのように行われるのでしょうか。

対話のかたちは多様です。Dさんの場合は、Dさんの内面での作業がさらに深まっていきそうです。多様な対話のひとつの例として、つづきを見てみましょう。

Dさんが久しぶりに会った恋人に自分の今の状態を話すと、こともなげにこう言われました。

「何でもできることをやってみたらいいじゃん」

Dさんはまた腹を立てて、思いました。

――ほんとに憎たらしい。今の私にできることなんて何もない。ベランダの鉢植えをぼんやり見ているくらいが関の山だ。何かできるくらいなら卒論を書かないといけないのに。ああ、もう別れてしまいたい……。

ある日Dさんはとぼとぼと食料品を買いに出た帰り、たまたま通りかかった店先のミニチュア盆栽に心惹かれるものを感じました。

「何かがピンと来たんです」

Dさんは植物好きですが、盆栽のことは何も知りません。いつもなら素通りするところです。しかし、その日はなぜかそうできませんでした。

少しだけ財布と相談したあと、Dさんはその場で盆栽を購入します。

――よりによって盆栽なんか衝動買いするなんて……。

Dさんは自分の「ヘンな行動」にあきれながら、月末まですっからかんで過ごさなければならないと覚悟を決めました。

何日もの間、Dさんは盆栽を眺めて過ごしました。

枝分かれの妙、幹が描く曲線の柔らかさ、小さな葉の繊細さ、苔に埋もれて見えない根の力強さ、その苔に吸われる水。

どこを見ても不思議に満ちていて、見飽きることがありません。

Dさんのように、いつもとは違うヘンなことを思いついたら、なるべくやってみてください。「もうひとりの私」が何かを言っている可能性があるからです。

つらい状態にあるときや、ハプニングやアクシデントに遭遇したときにも、その機会を大切にしてください。あまり大きなアクシデントに見舞われるのは困りますが、ちょっとした偶然を利用する心がまえを持っておく姿勢は重要です。

意味を感じたり惹かれたりしたら、それに注目することをお勧めします。それが「もうひとりの私」と対話する第一歩だからです。重く変化のない日々には、ハプニングやアクシデントが膠着《こうちゃく》状態に風穴を開けてくれる可能性があります。何かのきっかけになるなら何でもいい、くらいに考えて関心を向けてほしいのです。

Dさんが盆栽をひと目見て深く惹かれたのは、そこに自分自身の何かを見たからに違いありません。それをその場限りで終わらせなかったのは幸いでした。何かを飽きずに見つめつづけるのは心のエネルギーを注ぎ込むことに等しいからです。

するると、興味深いことが起こります。

じっと強い関心を向けつづけられて心のエネルギーを注がれたものは、生命を持っているように感じられます。小さな子どもが自分の大好きな人形が生きていると思うことがあるのと似ています。そのとき本当の意味で「もうひとりの私」が活性化するのです。

Dさんが盆栽に惹かれる気持ちに逆らわないで向き合っているうちに、ついに葛藤の解消へと向かう機運が到来します。こうした自然の流れに乗るのが大切です。

Dさんはこの機運をどのように生かしたのでしょうか。このあと、「もうひとりの私」との対話の核心部分が目に見えてきます。


大きな問題がひとつありました。盆栽には多少なりとも剪定《せんてい》をしなければならない時期が来ます。しかし、すでに熟練の匠が手間暇をかけて端正な姿に整えている木です。その枝や葉を切るのはDさんにはためらわれました。

――私みたいな者が……。

Dさんはとても手を出せないと思ってしまいます。しかし、盆栽の輪郭は日に日にぼんやりとしたものになっていくようでした。

そしてある日、Dさんはとうとう見ていられなくなりました。思い切って「えいやーっ！」とハサミを入れました。

そのとき、遠い昔に封印したものが解放された気がしました。

Dさんは、ミニチュア盆栽に出会った瞬間、その虜《とりこ》になりました。いくら見ていても飽きないというのは、子どものころ道端の花や虫の「研究」に時間を忘れて没頭していたDさんの「もうひとりの私」の姿を思わせます。

Dさんはこのとき、心の奥底にいた、一途で徹底的な発達系の「もうひとりの私」を再体験しています。心の奥底で長らく封印されていたものが徐々によみがえり、生気を取り戻したのです。

ようやくDさんは「もうひとりの私」と向き合いました。それは、生き別れになっていたに等しい自分の片割れです。そのようなかたちで自分のなかの発達系と対話していると言い換えられます。

ところで、その一方でDさんは、さらに盆栽を眺めつづけているうちに、今度は「良い子」として生きてきた自分自身の姿にも出会っていました。

端正な姿に仕上げられた「良い子」だったものが、日に日にぼさぼさのひどいありさまに変わっていきます。この姿を見てどう思うか。Dさんは問いかけられていました。

盆栽も生きているので、整えられた姿にとどまってはいられません。今まであれほど美しいと思っていたものが、捻じ曲げられて無理に矮小化された奇怪なものにすぎなくなっていました。このとき、対話はさらに深まってきます。

周りの価値観に従って過剰適応的に生きてきた人格系のDさん。彼女は盆栽に似たところがあります。しかし、そこから飛び出るのは容易ではありません。剪定しようとしたときに「私みたいな者が」という痛々しい思いが湧き上がったことからも見て取れます。

小さい木は、小さいなりに少しずつ生長し、窮屈な場所から飛び出したがります。手をこまねいて見ているうちに絶好のタイミングを逸しかけているのが、Dさんには痛いほどわかったようです。

たまりかねたDさんは盆栽にハサミを入れました。こうした緊張の高まり、その極限での解放と弛緩。発達系の「もうひとりの私」が抱えていた衝動が表に現れ出るときにしばしば見られる特徴です。

Dさんのなかで「もうひとりの私」が解放された瞬間です。

発達系である「もうひとりの私」から、現実の世界では発達系の恋人との関わりを通してアプローチがありました。そして、今やDさんは、心のなかでも「もうひとりの私」とコンタクトできています。

Dさんの「自分との仲直り」は、次のようにして現実に反映されました。


恋人はDさんの苦労を知ってか知らずか、盆栽を見てこう言います。

「おれなら、ここことか、そこことか、もっと切るけどな」

Dさんは、その素人まるだしの脳天気な言葉にあきれながらも、恋人に対してこれまでになかった感情が湧き上がってくるのを感じました。それは、自分には思いもつかないことを思いつき実際にやってのけることに対する尊敬の念や、自分とは異なる考え方、感じ方でいつも背中を押してくれていたことへの感謝の念です。

その日を境に、Dさんは遅ればせながら卒業研究に取り組めるようになり、突貫工事ではありましたが、滑り込みセーフで論文を提出しました。その後、無事に大学院進学を果たし、恋人とも仲良くやっています。

この天真爛漫な彼氏はためらいなくあちこちの枝葉をスパッ、スパッと切れるのでしょう。Dさんの深く陰影ある気持ちを理解できないのは以前と変わらないかもしれませんが、今のDさんは苦笑しながらも感謝できます。

「もうひとりの私」と仲直りができたDさんは、葛藤にエネルギーを吸い取られてしまうことが格段に少なくなりました。

Dさんが苦しみの結果得たものは、恋人との関係改善だけでなく、自分の価値観に従って生きていくために必要な自信という貴重な宝物でした。


ここまで、Cさんの事例とDさんの事例を詳しく見てきました。

どちらも自然の流れをうまく捉え、見事に困難を乗り越えています。自然の流れはさまざまな形で訪れます。CさんとDさんだけを見ても、まったく様相が異なりました。

しかし、どんなに様相が異なっていても、建設的な展開になったのは偶然ではありません。Cさんにしても Dさんにしても、無意識的なものに自分の意志で関心を向けたからこそのことなのです。自分の心の奥にある何かに目を向けようとするのが重要なのです。

必要とされるのは、自分とは正反対の性格で、正反対の行動をとる「もうひとりの私」の存在や活動を感じ取るセンスです。

「私」が苦悩していたり、生きづらさを感じたりしているときは、「もうひとりの私」が「私」とコンタクトをとろうと活発に動いています。普段と少し違うその感じを逃さないよう注意していてください。

「人格系―発達系」分類の使い道

本書で提示している人格系と発達系という概念は「もうひとりの私」を見つけ出すのにこそ最も役に立ちます。「もうひとりの私」は神出鬼没ですが、その風体や容貌に目星をつけられるようになるからです。それが苦悩や生きづらさの解消に役立つのです。

Cさん、Dさんがそうだったように、無意識の世界にいる「もうひとりの私」に目を向けていないと、人は病んでしまいます。

どんな人でも無視されれば腹が立つように、「もうひとりの私」も無視されれば仕返しをしてきます。

もっとも、最初から仕返しをしようとしてくるわけではありません。関心を向けてほしいと穏やかに求めてくることがほとんどです。その段階で意識（「私」）の側が交渉に応じて「もうひとりの私」と仲直りできれば、CさんとDさんのように丸く収まって、病的な水準に至ることはありません。

「もうひとりの私」は私の一部分です。「もうひとりの私」の気持ちは、「私」が気づいていなかった私の気持ちです。それを知らせようとしてくれているのです。

「もうひとりの私」は対等な相手として敬意をもって接して最大限に尊重しなければなりません。失礼なく接すれば、相手もそうしてくれます。少しずつ「もうひとりの私」と和解し、関係を良好なものにしていくのは十分に可能です。

その段階で、葛藤が現れた目的は果たされています。おのずから消失するでしょう。心とはそういうしくみにできているのです。

そこで必要な対話は、さまざまな形になる可能性を秘めています。しかし、なんでもいいわけではありません。多種多様な「もうひとりの私」との対話をより意義深いものにするために、何が必要でしょうか。

その点を教えてくれるのが深層心理学におけるイメージ技法「アクティヴ・イマジネーション」です(文献7)。「能動的想像法」という名前でご存じの方もいらっしゃるかもしれません。

アクティヴ・イマジネーションは、健常な人が自分のことを深く知るために、あるいはより大きな飛躍と成長を遂げるために使われます。深い苦悩や症状を抱えている人の心理療法にも用いられます。心理療法ですから、確立された手順のある技法です。それを、このあと紹介します。

読者のみなさんはかならずしもこの専門的な技法を実践しなければならないわけではありません。まして、実践しなければ先に進めないわけでもありません。

ただ、こういう技法があることと、効果を上げていることを知っておいていただきたいのです。

なぜなら、この技法には、無意識との出会い方、関わり方のエッセンスが詰まっているからです。概要だけでも知っておけば、自分が「もうひとりの私」と行っている対話が正しいか、長い暗闇がつづいているなかで方向を誤らずに歩んでいるかなどについて、自信をもつことができるはずです。

無意識と対話する深層心理学の技法

まずは、「もうひとりの私」と仲直りして生きづらさを軽減していくために、ユングが体系化した深層心理学を参照します（文献7）。ユング心理学は、心のなかの対立を扱うという目的にほぼ特化されているからです。そして、心のなかの対立のしくみと、その解消法を研究してきました。

そこで確立されたアクティヴ・イマジネーションの要諦をつかんでいただければ、意識と無意識という概念、人格系と発達系という二分法がどうして必要だったのかもわかりやすいでしょう。その知見を応用すると、人格系と発達系の対立という難題を解決できるかもしれません。

また、この技法のやり方とポイントを理解すれば、無意識へのアプローチと対話の仕方のコツを具体的につかんでもらえるでしょう。Cさん、Dさんがなぜ自然に「もうひとりの私」と出会えたかについても、よくわかるはずです。

心のなかの対立を解消するためにユング心理学が用いるのが「イメージ」です。これは具体的には夢や想像のことです。とくにアクティヴ・イマジネーションはユング心理学の独自の技法で、徹底的に「想像」を膨らませます。

想像は誰もが日常的に行っていますが、身近にあるものだからよく知っているというのは思い込みです。私がお話ししている想像と、みなさんが思い浮かべている想像は、かなり異なるところがあるはずです。

想像の奥行きは深く、広い。それは「もうひとりの私」がいる心の奥底に射し込む一条の光となって、閉ざされた扉を開け放つ力を持っています。

さきほどから「イメージ」と言っているのは、人が心の内で見たり触れたり経験したりする像のことです。一般的に想像とは、その「イメージ」を「想《おも》い浮かべる」ことです。しかし、ユング心理学におけるアクティヴ・イマジネーションにかぎっては、イメージを思い浮かべるだけでは半分正しくて半分は違っています。

この技法では「もうひとりの私」とさまざまなやりとりを行いますが、この対話の相手は自律性があり、独立した人格とも言えるからです。

アクティヴ・イマジネーションで交互に「対話」をする場合、こちらの番のときには自分の行うことを思い浮かべられますが、相手の番のときは、相手が別の人格なので何をするかはこちらでは決められません。

相手の番のときには、相手の動きが自然に頭のなかに思い浮かんでくる感じになります。夢のなかで、自分の動きはそこそこ自由だけれども自分以外の登場人物の動きはコントロールできないのと同じです。夢との違いは、目覚めたまま想像するので、こちら側の動きが夢のなかより格段に自由である点です。

アクティヴ・イマジネーションでは、こちらの番とあちらの番を交代しながら対話をつづけます。こちらの番のときは、こちらが100パーセント能動的になります。反対に、相手の番になったら、相手が100パーセント能動的で、こちらは100パーセント受動的でなければなりません。キャッチボールをしているときに似ていると思います。

実際のアクティヴ・イマジネーションは、想像の世界における一連の対話のキャッチボールによって織りなす物語のような形になります。「私」が主人公のロールプレイングゲームか小説のようなものになるのです。

ただし、こちらが意のままに創作した物語ではありません。こちらの番のときは恣意《しい》的に決めるのですが、相手の番の内容は勝手に心のなかに浮かんできて展開したストーリーでなければいけません。こちらのターンが済めば次はあちらのターンと決めて、「あちらが動く」「向こうから来る」という感覚でいなければならないのです。

自分の頭で創作した話と、ふと思い浮かんだ話はまったく別ものなのだと覚えておいてください。

自分が創作した話は、自分の意識が考え出したストーリー展開です。

ふと思い浮かんだ話は、無意識から出てきたストーリー展開です。

この二つを区別するのが最も重要なことです。はじめのうちは難しいかもしれませんが、たぶんみなさんが思われているよりも簡単にできるようになるでしょう。

ある程度、恣意的な創作になってしまうことがあってもかまいません。自分がこしらえた作り話にすぎないと思っていても実際には、たいてい無意識がこっそり、ちゃっかり入り込んでいるからです。100パーセント恣意的な創作で綴《つづ》るというのは容易にできるものではないのです。ですから、相手がボールを投げる番と決めて待っているときに思い浮かんだ内容は、事実上、相手に由来するものとみなしてかまいません。

無意識の影響がわかる言語連想テスト

自分の意識だけで想像をふくらませたと思っていても、じつは、無意識が入り込んでくるのを防ぐほうが難しいものです。

それを証明するテストがあります。意識に対する無意識の混入や影響を調べる心理検査に「言語連想テスト（あるいは言語連想実験）」があります（文献8）。この言語連想テストの理論は嘘発見器の基盤になっているものですが、言語連想テストは嘘を見破るために実施されるわけではありません。

言語連想テストは、あらかじめ定められた100ないし50の単語（刺激語）を使って行われます。

「最初に思いついた言葉をできるだけ早く答えてください」という指示のあと、テスターが読み上げる単語に対して、テストを受ける人は口頭で答えます。記録はテスターが行い、不自然な反応（反応の遅れ、反応の欠如、反応語の不可解さ、同じ反応の反復、刺激語のオウム返し、反応語の訂正、再生の誤りなど）を引き起こした刺激語の内容から無意識的な心理状態が推測されます。

では、ちょっと寄り道になりますが、以下に示す簡略版をみなさんも実際にやってみましょう。本書では、簡略版として私が試行用に適当に選んだ30語で行います。本来なら100ないし50語です。

30個の単語（①～㉚）を①から順に一つひとつ見ていきます。そのつど、最初に連想した単語を即座にメモします。たとえば「なつかしい」という単語を見て、瞬間的に浮かんだのが「ふるさと」だったら、それを即座にメモします。間隔を開けず、次々に最後の単語までやっていきます。30語なので数分もかかりません。

次に、もう一度最初の①に戻り、同じことを繰り返します。ただし、2回目は1回目と同じ答えをしなければならないというルールがあります。もちろん1回目のメモを見てはいけません。同じように、間隔を開けず瞬発力で最後まで行います。

では、次の30語でやってみましょう。

①赤い　②洞窟　③招く　④急いで　⑤見知らぬ　⑥宿題　⑦洗う　⑧親しげに　⑨ぼやけた　⑩しつけ　⑪密着する　⑫おずおずと　⑬恐い　⑭外国人　⑮濃縮する　⑯あからさまに　⑰湿った　⑱トイレ　⑲輝く　⑳久しぶりに　㉑きれいな　㉒蛇　㉓借りる　㉔受験　㉕冷たい　㉖化粧　㉗思い出す　㉘必死で　㉙尖った　㉚旅

すべて終わったら、1回目のメモと2回目のメモを比べてください。二つの反応はどれくらい一致したでしょうか。

多くの人は、いくつか異なるところがあるはずです。私もやってみましたが、数個違っていました。同じ答えを再生しようと意識したのに、なぜそうなるのでしょうか。

それは、何かが意識の働きを妨げたからです。わかりやすく言えば、1回目に少し苦しまぎれに答えると、2回目は同じことを再生しにくくなります。1回目は比較の対象がないからかろうじてごまかせたかもしれませんが、2回目になると意識が反応をコントロールできていない状態がはっきり露呈したのです。かすかに嫌な感じとともにどこからか意識に割り込んできて、その働きを変えてしまうのが無意識なのです。

単語だけでも難しいのですから、単語の連なりであるストーリーともなればなおさらです。無意識の影響を受けることなく何かを思い浮かべるのは不可能に近く、無意識の影響を受けることなく何かが思い浮かぶ事態もなかなかありません。

無意識が意識に対してどのように働くか、少しわかっていただけたでしょうか。

この感覚を覚えておいてください。

アクティヴ・イマジネーションを行うには、慣れのようなものが必要になります。はじめのうちは、少し難しいかもしれません。けれども、無意識から何かがやってくる感覚を知っていると、すぐにできるようになります。言語連想テストをやったときの感覚を手がかりにしてみてください。コツさえわかれば簡単です。

アクティヴ・イマジネーションの手順

それではアクティヴ・イマジネーションの手順を説明していきましょう。

はっきりと目覚めた状態で行います。目は開けていても閉じていても、どちらでもかまいません。

最初に行う作業は、想像する世界の選定、すなわち物語の舞台を設定することです。これはイマジナー（アクティヴ・イマジネーションを行う人）が自由に決めてかまいません。

とはいえ、隅々まで最初から自分で考えるのは至難の業です。私が勧めるのは、穏やかな風景画や風景写真などを借りてくることです。舞台はあくまでも物語のスタート地点です。その絵や写真は一瞬見るだけにして、あとは想像のなかで再現しましょう。

その風景のどこかに、これからはじまる物語の主人公である「私」がいると想像してください。スタートは既製の風景画や風景写真でも、心のなかに再現してそこに「私」を組み込めば、それだけで立派な想像の世界です。

そこに「もうひとりの私」がどこからか姿を現します。具体的にはこうです。

「私」の視点から周囲を眺めていると、いろいろなものが目に入ってくるでしょう。まずは全体をざっと観察しておいてから、興味をそそられる対象、どこか気になる対象をひとつ選んで、それを想像のなかでしばらく見つめてみます。

見つめているうちに、それが動き出します。あるいは動いた感じがします。

関心を向けていない別のものが動くこともあります。イメージしている環境全体が「もうひとりの私」なので、そこにあるものなら何がどこから動き出してもかまいません。

そこでは、「私」（という意識）と、私を取り巻く環境（「私」以外のもの）とが向かい合っています。その世界で何が起きたにせよ、それは「もうひとりの私」かその一部が「私」の前に（仮の）姿を現したということなのです。

「もうひとりの私」は一定の姿を持っていません。そのつど変身して現れます。

人の姿とは限りません。動物や植物であることもあれば、風や雨や石ころであることもあります。「私」を取り巻く環境を構成するさまざまなものがそうです。ときには環境のすべてが「もうひとりの私」です。ですから、「私」が関心を向けている単独の対象として現れながら、同時に複数の姿で現れています。

イメージは、こちらからコントロールできず、勝手に思い浮かんできて、勝手に動くものでなければなりません。こちらが100パーセント受動的な状態になっていなければ、ありありとは感じられないものです。100パーセント受動的とは、映画やテレビの画面を眺めているときのような感じです。

もし、頭に思い浮かべていたイメージが動いたら、無批判、無条件に受け入れます。たとえ都合の悪い展開が頭に浮かんでもそのまま受け入れてください。なかったことにしてはいけません。

慣れないうちは、イメージが勝手に動くのをありありと感じるのは難しいかもしれません。個人差もあります。その場合には「絵本テクニック」を使うといいでしょう。

絵本テクニックとは、現時点で「私」がいる動きのない場面が絵本に描かれた絵だと考え、そのページを1枚めくってみる方法です。次のページを開いたとき、そこにはどのような場面が描かれているかを想像します。すると、どこかに何らかの変化があるはずなので、それを探してください。

これが「もうひとりの私」とのはじめての出会いです。

敬意を払うとはどういうことか

このとき、重視すべき大切な決まりがあります。何度もお話ししてきた「もうひとりの私」に敬意を払うことです。これはすべての人間関係の基本と考えてください。

初対面の相手に敬意をもって臨むべきなのは当然のことで、相手が外の現実世界の人であろうと心のなかの世界の人であろうと変わりません。相手を不快にさせたり怒らせたりしては、より良い関係を構築するのは不可能です。

よく見られるのは、「もうひとりの私」が自分と同じ価値を持つ対等な相手だと考えない人がいることです。自分の考えや都合で操ることができるような、自分の従属物だと思ってしまうのです。相手は決してこちらの意向には従いません。対等な立場であることを肝に銘じてください。

イマジネーションの世界で出会った相手に敬意を払うとは、具体的にはどういうことでしょうか。相手が人間であれば、文字どおり敬意を込めた態度や言葉で接するべきです。しかし、相手が人間でない場合も含めて、そうした態度や言葉を容易に受けつけてくれない場合も少なくありません。

ひとつ例を挙げましょう。

茅葺き屋根の古い民家と田んぼが描かれた田舎の風景画からイマジネーションをはじめたとします。その風景のなかにいる「私」は、田植えが済んだばかりらしい田んぼに興味を惹かれて眺めています。

イメージが動くのを待っていると、ひとりの青年がこちらに向かって歩いてくるところが思い浮かびました。どうやら、人のよさそうな農民です。

このような状況であれば、この「もうひとりの私」に対して礼儀正しく挨拶したり、穏やかに話しかけたりするのは難しくはありません。

あるいは、田んぼを眺めていたら畦道にひょっこり蛙が跳び出てきた場面が思い浮かんだ場合はどうでしょう。両生類の姿をした「もうひとりの私」にあらためて静かに近づいてみたり、やさしく触れてみたりできるでしょう。

しかしながら、突然、稲光が走り、雷鳴が鳴り響き、激しいにわか雨になるシーンが思い浮かんだとしたらどうでしょうか。そのような天候の姿をした「もうひとりの私」の登場の仕方もあり得ます。

そうなったら、のんびり田んぼを眺めている場合ではありません。急いで古民家の軒先でも借りなければびしょ濡れになり、風邪をひきかねません。

このような場合でも、イマジネーションをやり直してはいけません。なかったことにしてもいけません。無批判、無条件に受け入れます。たとえ、そこが想像の世界だとしても、あなたはその世界の創造主ではないのです。「私」にとって都合が悪いとしても、相手の番のときは相手を尊重して100パーセント受け入れなければなりません。

相手に敬意を払うとはそういうことです。

責任を持つとはどういうことか

アクティヴ・イマジネーションは対話のキャッチボールなので、相手に向けてボールを投げなければなりません。そのためには、どういうボールを投げるか（自分がどう考え、どう動くか）をあらかじめ熟考してから臨む必要があります。そして、そのときも相手への敬意が欠かせません。つまり、自分が投げたボールに対して責任を持つということです。

責任を持つとはどういう意味でしょうか。

それは、自分の行動を明確に選択し、それを意識しながら想像の世界で実行に移す態度にあります。さきほどのケースで考えてみましょう。人のよさそうな農民が近づいてきたとしたら、「私」は何を考え、どのように行動したらいいのでしょうか。

なお、この点については、想像の世界のなかで想像をつづけたまま思案するほうがベターですが、一度中断して想像の世界の外でゆっくり思案してもかまいません。

「私」が自分の行動を明確に選択するには、相手がどういう状況にあって、何を考えているか見当をつけなければなりません。つまり、まずは「もうひとりの私」がどのようなメッセージを携えてこの場に現れたか推測するところから対話がはじまります。それについても、いくつかの可能性を考えるのが望ましいでしょう。

人のよさが感じられるのだとしたら、「もうひとりの私」には「私」に対する敵意がない可能性が高いと判断できます。もしかしたら、「私」がこの舞台を設けたことを喜び、対話しようとしている「私」を歓迎してくれているのかもしれません。

とはいえ初対面です。「私」の出方ですべては動いていきます。だとしたら「私」から何ができるか、さまざまな可能性を考慮して選択肢を挙げていきます。

相手がもっと近づくのを待つこともできます。

自分から積極的に近づいていくこともできます。

その場から大声で呼びかけてみることもできます。

どの選択肢にもメリットとデメリットがあるはずです。それを勘案したうえで、ひとつの選択肢をチョイスします。

しばらく黙って待つという選択肢では、もう少し相手の出方を見ることができる一方で、相手が途中で道を曲がっていなくなってしまう可能性もあります。反対にこちらから積極的に近づいていけば間違いなく接近できるでしょうが、無駄に警戒させてしまう可能性もあります。

その場から大声で「すいませ〜ん」と明るく呼びかければ、おそらく相手が姿を消してしまうことはないでしょう。こちらはよそ者だから多少は警戒されるにしても、敵意がないことは伝わると思います。これがいちばん確実で、デメリットも少なそうなので、すぐに大声で呼んでみる選択をします。

こういった具合に意識的に選択し、想像の世界でそれを実行します。想像の世界から出て思案していたのであれば、もう一度、想像の世界に戻ってそれを実行します。

大事なのは、なんとなく決めてなんとなく実行するのではなく、その選択をした理由を明確にして実行するところを想像するのです。これが、こちらからボールを投げるというアクションになります。

もうひとつ、たとえば激しいにわか雨になるという展開が思い浮かんだ場合には、何ができるか思案してみましょう。このとき、怪しげな呪文で雨がやむように祈るなど現実の世界でできないことは選択肢に入れてはいけません。想像の世界とはいえ、等身大の自分ができる内容を想像することが条件です。

まずは自分の持ち物を思い出してみましょう。傘やレインコートを持ち合わせているなら使ってかまいません。なければ近くの民家の軒先を借りるしかなさそうです。

この状況では、ゆっくり考えている暇がないでしょう。瞬時の判断が求められる可能性が高くなります。雨のなかのイメージが勝手に展開してしまうかもしれないからです。しかし、そのような場合でも意識的な決定をするのが重要です。

仮に、大急ぎで走って民家の軒先に避難するところを思い浮かべたなら、この状況のメッセージについて考えておかなければなりません。

雨を降らせるという激しい現れ方をするということは、「もうひとりの私」はよほど「私」に腹を立てている可能性もあります。

では、この相手は対話を拒んでいるのでしょうか。

いいえ、「もうひとりの私」が対話を嫌がるはずがありません。いつも抑えつけられていて、いつも退けられていて、いつも無視されているので、ほんの少しでも隙があれば、話をしに出てきたいと思っているからです。だとしたら、激しいにわか雨もより意味深い対話を実現させるための布石である可能性があります。

民家の住人に、事情があって軒先を借りたい、決して怪しい者ではないと伝えようと思いついたとします。それがきっかけとなり、住人との対話がはじまることは十分に考えられます。天気とはなかなか対話できませんが、人間となら可能です。天気も住人も「もうひとりの私」の現れですから、相手のほうが自らの怒りを表明したうえで対話の席を用意してくれているのかもしれません。

だとすれば、堂々とそれに応じましょう。「応じるぞ」と意識して、話しかける自分をイメージするのです。

想像していると、思いつく選択肢が少ない場合や、どちらの選択肢であってもメリットもデメリットもわずかでさほど変わりがないという場合があります。それでも、意識的にひとつを選択して実行してください。はっきりと選択して、それを実行して、それに相手がどう反応しても、言い逃れせず責任を持たなければならないのです。

この点が重要です。向こうから来たイメージも、自分がひとたび行うと決めてイメージしたことも取り消せません。現実の世界と同じです。一回性を重く見ることこそが、「もうひとりの私」を尊重して敬意を払うことですし、想像の世界のリアリティを担保するためにも不可欠です。

選択肢を考えるにあたっては「どうすべきか」とは考えないでください。人格系の人ならば過剰適応に拍車がかかり自問自答の悪循環に陥り、わざわざこのような技法を用いて心のなかに向き合う意味がなくなってしまいます。

選択は常に「何ができるか」という現実的な観点から考えるようにしてください。

「もうひとりの私」のメッセージを読み解く

こちらからのボールはすでに投げました。次は相手からの反応を見る番です。具体的には「もうひとりの私」から返ってくるボールをうまくキャッチします。相手のターンで大事なのは、こちらが100パーセント受動的になり、相手の自由に任せてイメージが動くまで待つことです。

このとき、こちらの都合を押しつけてはいけません。

こちらの受動性が100パーセントでなくなるとどこかで押しつけになり、対話の真性さが歪められてしまいます。ここでは「もうひとりの私」からの返事(想像の世界のなかでの何らかの動きや変化)に対して真摯に耳を傾けなければなりません。

このとき「もうひとりの私」からの返事を待てない人がいます。

しかし、ポジティブ、ネガティブ両面を含め、意識では思いつかないような意外性のあることがふと思い浮かび、自分でもびっくりしたり、嬉しくなったりするのが本物です。

ここで受け取るボールには、こちらが投げたボールに対する「もうひとりの私」の考えや気持ちが含まれています。

こちらが投げたボールには、当然のことながらこちらの考えや気持ちが込められています。相手はそのメッセージを読み取り、それについての自らの意向を新たなボールとして投げ返してきます。

相手はこちらの主張や要求を無視して、自分の言いたいことばかりを言ってくるのではありません。受け入れられるところは受け入れてくれて、受け入れられないところについては受け入れ不可能と言ってきます。そういうメッセージのこもったボールが飛んでくるので、そこをちゃんと読み取らなければなりません。

こちらが相手の望んでいたところにボールを投げたら、相手からも気持ちのよい球が戻ってきます。反対に、とんでもないところに投げていたら、荒れ球が返ってくる可能性は限りなく高まります。

こちらに近づいてくる人のよさそうな農民に、かなり離れたところから大きな声を出して「すいませ〜ん」と言うところを想像してみたところ、農民が「どうかしたのかあ」と大声で返事をしてくれる場面が思い浮かびました。

そういう展開からどのようなメッセージが読み取れるでしょうか。この場合も、いったん想像の世界から出て思案してもかまいません。

ここでも、メッセージの意味を何通りか考えてみます。

大声の返事には、相手に拒否感がなく、対話をしてみようという姿勢があると受け取ってよさそうに思われます。心配してくれている可能性もあるでしょう。よそよそしい人間関係ではない気がします。

あるいは、そうではなく、忙しいから面倒は早いうちに片付けてしまおうと思っているのかもしれません。よそ者への警戒心から近隣の人々にも聞こえるように返事をした可能性もあるかもしれません。

このように何通りも考えてみるのです。もちろん、声音や物腰などの情報もないがしろにできません。わかる情報はすべて重ね合わせ、相手からのメッセージをできるだけ総合的に理解する必要があります。そのうえで、最も確からしい意味合いに目星をつけることが求められます。こちらに都合の良い情報だけを選りすぐり、それを拾って意味づけることだけは避けたいところです。

相手は無意識なので、そのメッセージは意識（「私」）の盲点を突くものが中心になります。意識がいくら最も確からしい意味合いはこうだと思っても、たいていは的を外れています。

的外れでかまわないのです。そのズレを少しでも小さくしていこうと思っていることが大事で、やりとりのたびにそのズレが少しずつ小さくなり最後は一致するのが理想です。激しいにわか雨に襲われた状況でも、「もうひとりの私」からのメッセージは慎重に考えてみないといけません。最初から、軒先を借りるために民家に声をかけさせ、より高いハードルを越えさせて対話のきっかけをつくろうとしていたのかもしれません。つまりそれだけの覚悟があるか試しているのかもしれないのです。

一方で、空がさほど暗くなっていなければ、ごく短時間の雨かもしれません。勝手に敷地内に侵入したのは申し訳ないけれど、わざわざ住人に声をかけるとかえって気をつかわせてしまう可能性もあります。人の気配があるか、泥棒と間違われる可能性はないか、隣家の人が見ていないかなどもあわせて考えたいところです。

このやりとりでは、すべての情報を総合し「もうひとりの私」が発しているメッセージを解読しなければなりません。返事に耳を傾けるのはかなり難しい場合もあるので、一朝一夕にできるようになるとは限りません。

苦悩は悪いものではない

「もうひとりの私」からのメッセージを読み解くのがなぜ大切なのでしょうか。

こちら側の考えや要求と、あちら側の考えや要求を照らし合わせてみないといけないからです。「私」には「私」なりの苦しい事情があり、おそらく「もうひとりの私」にも「もうひとりの私」の切羽詰まった事情があるはずです。それぞれが相手に求めるものがここで部分的にぶつかり合っているのです。

おたがいに相手の要求をそのまま飲むわけにはいきません。双方がどの点については譲れて、どの点については譲れないか、折り合える落としどころを探る必要があります。

相手からの返事に耳を傾けたあとは、想像のなかでそれに対するこちらからの応答を返す必要があります。もちろん、こちらの事情を相手は詳しく知りません。それをある程度まで説明しないと理解してもらえませんし、ここは譲るからそこは融通を利かせてほしいといった一種の駆け引きも必要になるかもしれません。

そのために再び相手にボールを投げ、キャッチボールをつづけるのです。相手にもう一度語りかけると考えてもいいでしょう。毎回、双方の意見の隔たりが少しでも減じるよう努めるべきです。「もうひとりの私」との関係を改善するには、タフな交渉・折衝の作業が不可欠なのです。

人のよさそうな農民に大声で呼びかけたら、向こうも大声で応えてくれた場合。さほど驚いた様子もなく、こちらの予想どおり陽気な口調です。こちらはもっと接近しても大丈夫そうだという判断のもと、足早に彼のほうに歩きはじめます。足早に彼のほうに歩くぞと明瞭に意識しながら、そのように行動するところを想像するのです。

この足早に歩く態度が「もうひとりの私」に対する再度の語りかけに相当します。そういうボールを投げ返したのです。これによって、最初に比べて物理的な距離も縮まり、心理的な距離も縮まるでしょう。すぐに良好な関係になれるかどうかわかりませんが、少なくとも仲直りには一歩近づいています。

激しいにわか雨に降られたので、腹を決めて民家の住人に声をかけることを選択したとしましょう。それが「もうひとりの私」に語りかけることになると信じ、意識しながら想像するのが大切です。

イマジネーションにおける折衝は、対等な立場で粘り強く行わなければなりません。そのうえで継続させることが重要です。当たり前ですが、キャッチボールはボールが一往復しただけで終わるものではありません。こちらがもう一度語りかければ、相手はさらに次のボールを投げてくるでしょう。

今度はまたこちらがキャッチし、「もうひとりの私」からの次なるメッセージを理解しようと試みます。次第に物語が紡がれていくでしょう。

浮かんだイメージに対して、あまりにずれた想像（＝答え）を返していると展開が面白くなくなってきて、つづけるのが苦痛になります。それでも、できれば、自分の返答の何がいけなかったかを考えてみてほしいと思います。

ちゃんと対話が成立しているときは、浮かぶイメージに驚きがあって退屈しません。現実に他人と話しているのと同じように、刺激的で新鮮に感じます。「他人と話している感覚」を手がかりに自分のイマジネーションがうまく進んでいるかを確かめるとよいかもしれません。

嬉しくて心地よいイメージが勝手に浮かぶという点も、「もうひとりの私」との対話がうまくいっているかどうかを示すひとつの基準になるでしょう。大金を拾うでも、気立てのよい人に出会うでもいいと思います。

反対に、対話がうまくいっていなければ、嫌な目に遭うイメージや、怖いイメージ、不快なイメージが浮かんでくることが多いと言えます。犬に咬《か》まれたり、怪我をしたり、大波に飲まれたり、袋小路に追い詰められたりです。

対話がうまくいかないのは、多くの場合、浮かんだイメージに対してご都合主義的な解釈を加えているときです。無意識のメッセージを誠実に推測して、どんなボールを返すのかを真剣に考えているかどうか、それがイマジネーションを意義あるものにするポイントです。

キャッチボールの繰り返しによって、一歩、また一歩と両者の距離が縮まっていき、同じ方向に並んで歩けるようになるのが理想的な展開です。

同じ方向に並んで歩くときには、それまでにない、気持ちがよいほどに調和している状態が訪れた体験となるでしょう。たとえば森の中にいたとすると、鳥のさえずりや木漏れ日に深い悦《よろこ》びが満ちあふれ、朝露があればその瑞々《みずみず》しさが隅々まで永遠に浸み通って、世界がひとつになったように感じます。イマジネーションの最中にこういった感覚へと変わっていくのですが、現実の生活でも同じように感覚が変わっていくこともあります。キャッチボールを何回つづけなければならないという決まりはありません。双方向であることに気をつけながら相手と目的地を共有し、歩調を合わせ、助け合いながら進んでいこうとしつづければ、いつの間にか生きづらさは解消されているでしょう。

ここまでは、人格系に多そうなメッセージの理解の仕方を例示しました。発達系であれば異なる理解の仕方をするかもしれません。もちろん、それでかまいません。

繰り返しますが、大切なのは、そのつどしっかり意識しながら選択をして、行動に移すことです。そして、そこから先を放り出してしまわず、ひとたびイメージしたことについては、実際に行動したときと同様に、生じた責任をきちんと果たしてください。

「もうひとりの私」からのメッセージに対する理解が間違っていて、的はずれなボールを投げ返してしまうこともあります。アクティヴ・イマジネーションは難しいので、ある程度は仕方がありません。

その場合、次に相手からとんでもないボールが飛んできます。こちらが暴投したことがすぐにわかるイメージが出てきます。そうなったら考えを修正し、前と違うボールを投げ返せば、相手はたいてい許してくれます。それが「私」の責任の取り方です。

以上が深層心理学におけるイメージ技法、アクティヴ・イマジネーションの概要です。あくまで概要ですので、関心のある読者は「おわりに」に示す文献をぜひ参照してください。

人が新しい困難な状況に遭遇し、それに真剣に対処していこうと思えば、心のなかでこれに似た作業をすることになります。こんなに複雑な作業はできないと思うかもしれませんが、はじめはできなくても、練習すれば意外に早くにできるようになっていきます。私たちは現実で新奇な状況に遭遇したり、初対面の人に会ったりするときに、意図することなくこのようなことをごく自然に、当たり前のようにやっています。

Cさんは、自分の自律的な独り言と対話をしていました。

Dさんは盆栽に重ね合わせられた「もうひとりの私」と対話をしていました。

CさんやDさんが行っていた対話をすべて言葉として記録していたら、おそらくアクティヴ・イマジネーションと呼んで差し支えないものになっていたでしょう。

かならずしもすべての人が今、この難しい作業をしなければならないわけではありません。強調したいのは、こういう過程や技法を知っていることが重要だということです。

悩める本人かその周りにいる人が、アクティヴ・イマジネーションのような深層心理学の技法的枠組みがあることを知っていたら、それだけで苦境から脱するための助けになるでしょう。多くの人が、現実においても、心のなかでも、似た過程を経て苦境から脱しているからです。

＊

本書では、人を人格系と発達系という二つの類型に分けて考える見方を提案しました。ほとんどの人はそのいずれかに属していて、両者の間の軋轢《あつれき》に由来する現実での対人関係のもつれや心のなかでの葛藤に苦しんでいます。

人格系の心の奥底には発達系の「もうひとりの私」がいて、発達系の心の奥底には人格系の「もうひとりの私」がいます。そして、両者のあいだでは毎日のようにせめぎ合いが繰り広げられているのです。

本書で提示した二分法は、生きづらさの中核となっている苦悩の解消に向けて踏み出していくための手がかりとなるでしょう。

それだけではありません。生きづらさや苦悩を解消するための心の作業は、生き方を創造的に変化させ、自身を成長させることにも役立つのです。

ですから、苦悩は医療的介入を必要とする状態にまで至らない限り、決して悪いものではありません。私たちの変化や成長を促し、それを助ける駆動力になろうとして私たちのもとにやってくるのです。

むしろ、千載一遇のチャンスの到来と理解し、おおいに活用するべきなのです。


そのときに注目したいのが「もうひとりの私」です。

深層心理学の知見やアクティヴ・イマジネーションと呼ばれる技法を紹介してきましたが、それは「もうひとりの私」との仲直りに資するためでした。

できれば、みなさん、ひとりひとりが自らの心の奥底にいる「もうひとりの私」を探し当てていただきたいと思います。そう思っていれば、必ず見つかるはずです。

そして、その「もうひとりの私」が必死で伝えようとしていることは何なのか、それを知るために、声なき声にしばらく耳を傾けてみてください。

参考文献

1 K. Asper, *Verlassenheit und Selbstentfremdung*, 4 Auflage, Walter-Verlag, 1987.（アスパー著、老松克博訳『自己愛障害の臨床――見捨てられと自己疎外』、創元社、２００１年。）

2 安永浩「『中心気質』という概念について」木村敏編『てんかんの人間学』21－57頁、東京大学出版会、１９８０年。

3 木村敏「てんかんの存在構造」木村敏編『てんかんの人間学』59－100頁、東京大学出版会、１９８０年。

4 American Psychiatric Association, *Diagnostic and statistical manual of mental disorders: DSM-5.-5th ed.*, American Psychiatric Publishing, 2013.（髙橋三郎・大野裕監訳、染矢俊幸・神庭重信・尾崎紀夫・三村將・村井俊哉訳『ＤＳＭ－５ 精神疾患の診断・統計マニュアル』、医学書院、２０１４年。）

5 河合逸雄「てんかん患者の神経症状態――覚醒てんかんの精神病理学的研究」『精神神経学雑誌』74号、38－51頁、１９７２年。

6 G. O. Gabbard, Two subtypes of narcissistic personality disorder, *Bulletin of the Menninger Clinic*, 53 (6), 527-532, 1989.

7 C. G. Jung, C. Douglas, ed., *Visions: Notes of the seminar given in 1930-1934 by C. G. Jung*, Princeton University Press, 1997.（ユング著、ダグラス編、氏原寛・老松克博監訳、角野善宏・川戸圓・宮野素子・山下雅也訳『ヴィジョン・セミナー』創元社、２０１１年。）

8 C. G. Jung, Psychoanalyse und Assoziationsexperiment, 1906; *Die gesammelte Werke von C. G. Jung*, Bd. 2, Walter-Verlag, 1979.（ユング著、高尾浩幸訳「精神分析と連想検査」『診断学的連想研究』２９７－３３４頁、人文書院、１９９３年。）

おわりに

ほとんどの人は、人格系と発達系のどちらかに分けることができる。そんな考え方の提示から本書は始まりました。

人格系と発達系という捉え方を知り、自分の特徴と見比べれば、つかみどころのない自分自身を深く理解することにつながります。

この二分法を提示したのには、ひとりひとりをどちらかに分類する以上に大切な目的がありました。その目的とは、多くの人の生きづらさの背景にある、心のなかの「人間関係」に向き合っていくことです。心のなかの人間関係とは、言うまでもなく「もうひとりの私」との関係のことです。

人格系と発達系の二分法はそのためにこそ必要でした。人のタイプを考えてみるという方法は、現実を理解するときだけでなく、心のなかを理解しようとするときに、いっそうの切れ味を発揮します。読者のみなさんのなかには、自分自身に当てはめてすでにその切れ味をお感じになった方もいらっしゃるかもしれません。

普通、「人間関係」と聞いて思い浮かべるのは、心の外にある現実世界での人間関係です。読者のみなさんも、本書をお読みいただくまではそうだったと思います。

目に見えない心の世界の見取り図をはじめから頭に描くのは至難です。しかし、心の見取り図は、外の世界の人間関係とたがいに深く関連し呼応しています。現実の人間関係を整理し理解すると、心のなかを腑分けすることにもつながるのです。

私は、現実世界の人間関係を大きく左右する要素として、人格系と発達系という分類法を採用しています。ただしこれは、心のなかの「もうひとりの私」との人間関係を理解することに歩みを進めてもらうためでもあります。

歩みを進めるメリットは、単に苦悩が軽減されてすぐに幸せになるということではありません。ひとつの苦悩から解放されれば、また別の苦悩が現れるものです。

ただし、今度は前とは違います。決して同じところにとどまってはいません。今度の苦悩には新たな意義があります。「もうひとりの私」がさらに重要な何かを言おうとしているのです。私たちが、さらなる自己実現を望んでいるかぎり、「もうひとりの私」はそれを助けるメッセージを投げかけてきます。そうして「もうひとりの私」に向き合うプロセスを進めていけば、次第に地に足のついた感覚が生まれ、日々の暮らしを生きているたしかな手ごたえが生まれてくるはずです。

苦悩には意味があり、必要なものだとわかってくるのです。

「もうひとりの私」は、さまざまなかたちで「私」を呼んでいます。ところが、その叫びを聞き取ることは容易ではありません。場合によってはトレーニングが必要となることもあります。

本書の第5章でかなりの紙幅を費やし、アクティヴ・イマジネーションについて説明をしました。お読みになっただけで難しいと思った人や、実際にチャレンジしてみたもののうまくできなかった人もいるでしょう。

今は、できなくてかまいません。

それでも、この方法を知っておくだけで役に立ちます。試してみる姿勢があればさらに役に立ちますが、「もうひとりの私」の声がどのようにして届くものなのかを知ったということが大きな違いを生みます。

心のなかの「もうひとりの私」は「私」に何のメッセージを送ろうとしているのか。

「もうひとりの私」はいったい何に苦しんでいるのか。

もしかすると私に何か怒っているのか。

そういうことを常日ごろから気にかける習慣や準備ができるからです。

「もうひとりの私」はいつ声をあげるかわかりません。若いうちとは限らないし、年齢を重ねてからとも限りません。まったく思わぬときに不意に呼びかけられることも多くあります。だから気にかける習慣と準備が必要なのです。そして、本当に必要になったときにアクティヴ・イマジネーションも一緒に思い出すことができれば、何も知らないよりずっとうまくいくはずです。

そのとき、もう少し詳しい説明を知りたくなりましたら、拙著『心と身体のあいだ』(大阪大学出版会、２０１９)、『身体系個性化の深層心理学』(遠見書房、２０１６)などを参照していただければ幸いです。

また、アクティヴ・イマジネーションの創始者であるユングの事例に触れたいと思われたら、『ヴィジョン・セミナー』(氏原・老松監訳、創元社、２０１１［文献７］)を手に取っていただければお役に立つはずです。

最後に、本書の出版に際してお世話になった方々にお礼を申し上げます。

まず、事例として本書に挙げることを承諾してくださったAさん、Bさん、Cさん、Dさんに感謝の気持ちをお伝えします。それぞれの方の貴重な実体験が多くの読者の役に立つことと思います。

ライターの新田《にった》匡央《まさお》さんには、編集協力者として粗い段階の拙稿を見ていただき、わかりやすい書き方のコツを伝授してもらうことができました。本書が多少なりとも理解しやすくなっているとすれば、ひとえに新田さんのおかげです。

また、講談社現代新書編集部の姜昌秀《かんちゃんす》さんには、最初から最後まで言葉で言い表せないくらいお世話になりました。姜さんとの仕事は二度目ですが、今回は便利なビデオ会議システムを使った打ち合わせを何度も繰り返しながら、微に入り細を穿《うが》って原稿をブラッシュアップしていただきました。

映像というバーチャルな空間で仕事を進めたせいか、むしろ書籍というリアルな媒体を選んでいただける読者の存在を強く意識することになりました。本書を手に取ってくださったすべての方々に、あらためて感謝いたします。

二〇二一年初秋　　著者識

講談社現代新書 2637

空気《くうき》を読《よ》む人《ひと》 読《よ》まない人《ひと》 人格系《じんかくけい》と発達系《はったつけい》のはなし

二〇二一年一〇月二〇日第一刷発行

著者 老松克博《おいまつかつひろ》

発行者 鈴木章一
発行所 株式会社講談社
東京都文京区音羽二丁目一二―二一 郵便番号一一二―八〇〇一
電話 〇三―五三九五―三五二一 編集（現代新書）
〇三―五三九五―四四一五 販売
〇三―五三九五―三六一五 業務
装幀者 中島英樹
印刷所 豊国印刷株式会社
製本所 株式会社国宝社
本文データ制作 講談社デジタル製作 本文図版・イラスト制作 渡辺恵美
定価はカバーに表示してあります Printed in Japan

N.D.C.146 238p 18cm
ISBN978-4-06-525903-0

「講談社現代新書」の刊行にあたって

教養は万人が身をもって養い創造すべきものであって、一部の専門家の占有物として、ただ一方的に人々の手もとに配布され伝達されうるものではありません。

しかし、不幸にしてわが国の現状では、教養の重要な養いとなるべき書物は、ほとんど講壇からの天下りや単なる解説に終始し、知識技術を真剣に希求する青少年・学生・一般民衆の根本的な疑問や興味は、けっして十分に答えられ、解きほぐされ、手引きされることがありません。万人の内奥から発した真正の教養への芽ばえが、こうして放置され、むなしく滅びさる運命にゆだねられているのです。

このことは、中・高校だけで教育をおわる人々の成長をはばんでいるだけでなく、大学に進んだり、インテリと目されたりする人々の精神力の健康さえもむしばみ、わが国の文化の実質をまことに脆弱なものにしています。単なる博識以上の根強い思索力・判断力、および確かな技術にささえられた教養を必要とする日本の将来にとって、これは真剣に憂慮されなければならない事態であるといわなければなりません。

わたしたちの「講談社現代新書」は、この事態の克服を意図して計画されたものです。これによってわたしたちは、講壇からの天下りでもなく、単なる解説書でもない、もっぱら万人の魂に生ずる初発的かつ根本的な問題をとらえ、掘り起こし、手引きし、しかも最新の知識への展望を万人に確立させる書物を、新しく世の中に送り出したいと念願しています。

わたしたちは、創業以来民衆を対象とする啓蒙の仕事に専心してきた講談社にとって、これこそもっともふさわしい課題であり、伝統ある出版社としての義務でもあると考えているのです。

一九六四年四月　野間省一